文化×地域×デザインが社会を元気にする

新川達郎 = 松本茂章
［編著］

石 井 敦 子
高 島 知 佐 子
竹 見 聖 司
中 村 ま い
宇 田 川 耕 一
岸　　正 人
南　　博 史
島 袋 美 由 紀
志 村 聖 子
［著］

文眞堂

本書に関する情報はこちらをご参照ください。
（正誤表等もこちらに掲載いたします）

URL: https://www.bunshin-do.co.jp/catalogue/book5277.html

◆本書の表記について

　本書『文化×地域×デザインが社会を元気にする』では、共著者全員が手分けして、北海道・岩見沢市から鹿児島県・与論島までに至る日本列島各地の興味深い取り組みを紹介した。「文化と地域デザイン」研究に貢献できるよう、リアルで丁寧な記述に努めた。

　本書の出版までこぎつけることができたのは、全国各地で活躍されている関係者のご支援とご協力のおかげである。厚く御礼申し上げる。

　紙幅の都合上、事例編にご登場くださったみなさまを紹介する際には、敬称略とさせていただいた。ご理解を賜りたい。　　　　　　　　（松本茂章）

はじめに 「文化と地域デザイン学」事始め

新川 達郎

　何故、「文化と地域デザイン学」なのか。筆者は、長年、「まちとむら」の研究ないしは地域づくりにかかわってきた。専門としてきた行政研究や政策研究からの接近であったが、かかわりのなかで常に意識させられてきたのは、そこに暮らす人々の一人ひとりの歴史や思いである。背後には風土や文化の蓄積があり、民俗や芸能、それらを象徴する建物から生活用具に至る文化財、民藝も含めた多種多様な美術工芸品等があり、それらが集積する地域に固有の文化に瞠目せざるをえなかった。

　全国各地の地域づくりの実践、これらに関する研究とその成果の公刊を、筆者自身、長きにわたって重ねてきた。そのなかで、地域づくりの過去・現在・未来が、それぞれの文化に根差していること、その文化を解き明かすことが地域づくりの課題を解くことに深くかかわることは、直感的には理解しているつもりであったが、研究と実践とを結びつけることはしばしば困難であった。地域づくりについて理論的側面と実践的側面との連関の解明努力が筆者には不足していた。

　そうした時期に、かつての教え子である松本茂章さんが静岡文化芸術大学教授を定年退職し関西に帰ってきた。大阪にある元印刷工場を改修して「本のある工場」と名付けたアカデミックスペースを設け、そこに置かれた「文化と地域デザイン研究所」に多彩な人々が集まり始めた。松本さんは、長年、文化政策やアートマネジメントの研究分野で枢要な役割を担って活躍し、とりわけ地域に根差した文化施設の研究を鋭意進めてきていた。筆者と同様に、現場にあればあるほど研究と実務との乖離を認識し、さらには学問の専門分野間や実務の領域分野間の縦割り構造に疑問を感じ、それらの境界を乗り越える横断的な研究と実践の在り方を、上記の研究所を中心に追求しようとしていた。私たちは、そのなかで、「文化と地域デザイン学」という分野を構想し、ともに考えるようになった。

もちろん筆者は、これまで複数の学会に所属し、また新しい学会設立を主導してきたこともある。半世紀以上の伝統を持つ多くの学協会がアカデミズムに主軸を置く構造を持つ一方で、新しい分野、新たな研究対象や方法を求めてそこからスピンアウトする活動も多数あった。そこでは現実に生起する諸問題に刺激され、革新的な思想やアイデアに励起され、また新たな学問方法論に触発されて、新たな研究分野が生まれてきた。

　しかしながら、伝統的な学協会もまた新たに設立されたところも同様に、時とともに自分自身の学問方法論の体系化と固定化の罠にはまる。そして、自己変革の力を見失い、アカデミア内の内向きの論議に終始することも多く、こうして領域を横断した論議が困難になっていく。この隘路を乗り越えるには、様々な専門分野から広範に研究者が集い、加えて多様な現場で活躍する実践実務家が集う研究の場が必要だとより痛感するようになった。

　「文化と地域デザイン学」は、以上の問題意識をもって発想された。具体的な理論的構築は第1章にあるが、その趣旨を実現するために「文化と地域デザイン学会」が2023年5月に組織された。

　本学会の方向は次のようになる。第1に文化に基づく地域デザインに関する多くの実践実務、事例の報告を行い、学会員相互の認識を深め実践実務事例の理解を広げ深める。第2に「文化と地域デザイン」の実践実務の背景にあるものへの気づき、つまり新しい事実、隠れた社会の構造、プロセスの新しさ、根底にある文化背景、新しい価値、思想などへの気づきを触発することである。第3に「文化と地域デザイン」を実践する方法論や応用論の議論であり、芸術活動、文化事業や文化施設の実践と、その応用に必須となる地域の固有性や条件を明らかにし、当該活動の枠組みや作動の仕組みを議論する。第4にこれらの活動を継続して将来には「実践実務とその理論化」を通じて「文化と地域デザイン学」の構想を再考したい。

　以上の方針に基づいて編まれたのが本書である。皆様からのご批評を賜ることができるならば幸いと考えている。

目　次

はじめに　「文化と地域デザイン学」事始め ………………… 新川達郎　*i*

第*1*章　「文化と地域デザイン学」を構想する

超学際的研究を実現するために ………………………………… 新川達郎　*3*

1.1　はじめに ………………………………………………………… *3*

1.2　「文化」と「地域」をなぜ取り上げるのか ……………………… *4*

1.3　文化×地域×デザインを考える意義と方向性 ……………… *5*

1.4　学際科学から超学際科学としての「文化×地域×デザイン」
　　研究に向けて ……………………………………………………… *7*

　　　文化研究、地域研究、デザイン研究 ……………………… *7*

　　　学際科学的研究から超学際的研究へ ……………………… *9*

1.5　「文化と地域デザイン学」とは何か、何を目指すのか ………… *12*

第*2*章　日本の文化政策／地域重視への転換が望まれる

文化芸術人材の地域定住を求めて ……………………………… 松本茂章　*15*

2.1　文化関連をめぐる法整備／文化政策における対象の拡大 ……… *15*

2.2　「箱物建設重視」だった 20 世紀の文化行政 ………………… *16*

2.3　文化芸術における「東京一極集中」の弊害を克服する努力を … *17*

第*3*章　「文化と地域デザイン」研究に広がる大きな可能性

地域発！　北は岩見沢から南は与論島までの奮励記 …… 松本茂章　*21*

3.1	はじめに ………………………………………………………………	*21*
3.2	第4章から浮かび上がること ……………………………………	*22*
3.3	第5章から浮かび上がること ……………………………………	*23*
3.4	第6章から浮かび上がること ……………………………………	*26*
3.5	第7章から浮かび上がること ……………………………………	*27*
3.6	「文化と地域デザイン」研究の試み …………………………	*29*

第4章　1人ひとりの人生を大切にした地域デザイン

4.1 在宅医療が問う「生き方・逝き方」の意思決定
　　　ニュータウンの高齢者を巡る医療文化 ………………… 石井敦子　*33*

　人や建物が一斉に老いるニュータウン ………………………………… *33*

　訪問診療を通して地域に出向く ………………………………………… *34*

　「医者嫌いの学者さん」との出会い …………………………………… *36*

　マンガで意思決定をサポート …………………………………………… *37*

　死生観を語り歌う、市民講座 …………………………………………… *39*

　ニュータウンから新たな医療文化の創造を目指して ……………… *42*

4.2 ホスピタルアートプロジェクトしずおか ………… 高島知佐子　*43*

　ホスピタルアートとは……………………………………………………… *43*

　「ホスピタルアートプロジェクトしずおか」の活動 ……………… *44*

　　　　静岡県立こども病院 ………………………………………………… *45*

　　　　磐田市立総合病院 …………………………………………………… *47*

　病院での芸術活動の意義と難しさ ……………………………………… *50*

4.3 創刊100年余の歴史を有する点字新聞
　　　全盲記者がまちを歩き、現地取材に励む ………… 松本茂章　*53*

　「点字毎日」デスクと出会う …………………………………………… *53*

編集部の体制 ……………………………………………… *54*

鉄道の踏切事故 ………………………………………… *56*

佐木自身が鉄道事故で大けがを負った ……………… *58*

「点字毎日」の歴史 …………………………………… *59*

点字新聞と文化芸術………………………………………… *61*

点字文化の将来 ………………………………………… *62*

4.4 隣保館からコミュニティセンター、

そして岡崎いきいき市民活動センターへ ………… 新川達郎 *63*

京都市いきいき市民活動センターとは ……………… *63*

NPO法人「音の風」による運営へ…………………… *64*

芸術文化にかかわる市民活動を中心とした地域づくりへ ………… *65*

レコードを聴く会………………………………………… *69*

地域に根差した施設から、文化芸術活動と地域づくりが広がる …… *71*

第5章　地元の産業と文化芸術の関わり

5.1 農業特産品づくりとシビックプライド

兵庫県丹波篠山市の黒大豆栽培を事例に ……………… 竹見聖司 *75*

出発点は日々の暮らし…………………………………… *75*

農業特産品と地域ブランド ……………………………… *75*

丹波篠山って ……………………………………………… *76*

丹波篠山にとっての黒豆とは …………………………… *76*

黒豆から新特産「黒枝豆」へ …………………………… *77*

なぜ自分が黒豆作りを？ ………………………………… *78*

黒豆は苦労豆　体験を通した黒大豆栽培5つの闘い ………………… *79*

丹波篠山黒大豆・丹波篠山黒枝豆の危機 ……………… *81*

黒豆から広がるブランド力とシビックプライド………… *82*

「実務と研究」と私 ……………………………………………… *84*

5.2　作ることは暮らすこと
石州半紙と原材料「楮」栽培 ……………………………… 高島知佐子　*85*

伝統工芸の継承 …………………………………………………… *85*

手漉き和紙と原材料不足 ……………………………………… *85*

石州半紙の原材料生産 …………………………………………… *88*

石州半紙の原材料加工 …………………………………………… *90*

暮らしとしての和紙づくり …………………………………… *92*

5.3　地域文化の担い手としての企業
阿波踊りを事例として ……………………………………… 中村まい　*95*

研究に至った背景 ………………………………………………… *95*

企業による民俗芸能の実践 …………………………………… *95*

多方面に見られる社会的効果 ………………………………… *96*

地元大企業の連：大塚うず巻連 ……………………………… *97*

ストイックな基礎練習 …………………………………………… *98*

社員間の関係構築と地域文化の継承 ………………………… *98*

地元経済を支える地銀：あわぎん連 ……………………… *100*

多様な参加者に対応する運営 ………………………………… *100*

有名連との協力関係 …………………………………………… *101*

踊りを追求する ………………………………………………… *102*

担い手としての企業の可能性 ………………………………… *103*

第6章　地域づくりと文化芸術の関係

6.1　公衆浴場が文化創造の場になる可能性
大阪市此花区の千鳥温泉に注目して ……………………… 松本茂章　*107*

公衆浴場の現状 ……………………………………………………… *107*

異色の経営者「勝五郎さん」……………………………………… *108*

掃除の大変さと清掃スタッフの公募 ………………………… *110*

銭湯に集まる若者たち……………………………………………… *111*

創造人材系の若者たち……………………………………………… *113*

第 1 回梅香創作紙芝居大会 ……………………………………… *115*

6.2 美しく時が流れ、ひとが渡り住むところ「美流渡」
山あいの豪雪地区に移住するアーティスト ………… 宇田川耕一 *117*

アートの力で過疎地の活性化を ………………………………… *117*

編集者・來嶋路子との出会い …………………………………… *118*

美流渡小中学校の校舎活用プラン ……………………………… *119*

MAYA MAXX が美流渡に来た！ ……………………………… *120*

移住者 MAYA MAXX が動いた …………………………………… *122*

筆者がなぜ美流渡に惹かれたのか ……………………………… *123*

選ばれし移住者が集まるところ ………………………………… *124*

移住したアーティストの言葉 …………………………………… *125*

6.3 貞山運河と小屋めぐり
貞山運河倶楽部の活動から ……………………………… 新川達郎 *127*

貞山運河、貞山運河倶楽部、小屋めぐり、そして水・環境ネット
東北のかかわり ……………………………………………………… *127*

災害とメモリアル文化施設のこれまで ……………………… *128*

小屋と小屋めぐり …………………………………………………… *129*

貞山運河倶楽部と小屋の発想 …………………………………… *130*

小屋づくりから小屋めぐりへ …………………………………… *131*

新浜におけるアート、小屋づくり、小屋めぐりの地域的な価値 …… *134*

貞山運河そして水辺が持つ文化力に学ぶ…………………… *135*

目　次　*vii*

6.4 公立文化施設は地域の輝く星になれるか

劇場キラリ☆ふじみの 20 年 ················· 岸　正人 *137*

公立劇場：キラリ☆ふじみ ································· *137*

公立文化施設：劇場、音楽堂等の現状と経緯 ········· *138*

劇場法と事業 ··· *139*

指定管理者制度 ··· *140*

キラリ☆ふじみの事業······································ *141*

キラリ☆ふじみを取り巻く人々：開館に至るまで········ *142*

キラリ☆ふじみを取り巻く人々：開館からこれまで ······ *144*

設置者と施設運営者、そして地域 ····················· *146*

第 7 章　地域固有の文化資源を活かした地域デザイン

7.1 一粒のお米から世界が見える

福井県越前フィールドミュージアム活動と持続可能なまちづくり

················· 南　博史 *149*

まちが持続していくためには？ ························· *149*

越前フィールドミュージアム ··························· *149*

越前フィールドミュージアム活動と「歯車」 ············· *152*

新型コロナウイルス感染以降の活動 ··················· *155*

To be continued ～活動は続く····························· *157*

7.2 与論町の海洋教育「ゆんぬ学」の試み

ゲーミフィケーションで島の未来を描く ············ 島袋美由紀 *159*

「島立ち」に向けて ······································· *159*

「ゲーミフィケーション」の可能性························ *160*

島人と旅人がともにつくった与論町海洋教育「ゆんぬ学」············· *162*

島の愉快な仲間たちとゲーム三昧 ……………………………… 164

与論町海洋教育「ゆんぬ学」のカードゲーム ………………… 167

7.3　古楽×民間人主導の音楽祭
シビックプライドの構築 ……………………… 志村聖子　169

キャリアの原点：古楽音楽祭 ……………………………………… 169

市民参加型の音楽祭を取り巻く課題 ……………………………… 169

古楽の響きに魅了された先人たち ………………………………… 170

熊本県小国町の木造建築群と「おぐに音楽祭」………………… 172

おぐに音楽祭から福岡古楽音楽祭へ …………………………… 174

新・福岡古楽音楽祭の実現：新たな運営体制の模索 ………… 176

シビックプライドを育む音楽祭の可能性 ……………………… 177

おわりに ……………………………………………… 松本茂章　179

第 *1* 章
「文化と地域デザイン学」を構想する

◆ 1969 年建築の元印刷工場「本のある工場」外観
大阪市此花区西九条にて（2023 年 2 月 21 日松本茂章撮影）

◆「本のある工場」で開かれた「文化と地域デザイン学会」の設立会合は、ぎっしり満員になった。
元印刷工場なので天井が高く、開放的だ。（2024 年 5 月 21 日同学会設立会合報告書から）

超学際的研究を実現するために

新川 達郎

1.1 はじめに

「文化と地域デザイン学会」は、2023 年 5 月に発足し、第 1 回研究大会を 2024 年 5 月に開催することができた。この学会は、文化研究、地域研究、あるいはデザイン研究のいずれでもない。個別学問領域をのり超えたところに、本学会が目指す研究の目的、対象や方法がある。こうした接近を必要とする社会実践、またそうでなければ解明できない実践がある。実践を豊かにしていくためにも新たな学の体系が必要とされているといえる。

このような「文化と地域デザイン学」を構想するにあたっては、なぜ「文化と地域デザイン」を考える必要があるのかという問いから始めなければならない。そこには「文化と地域」の根本概念と、それを「デザイン」することを、理論的にも実践的にも考えようという 2 つの大きな背景がある。

「文化と地域デザイン学」の構成要素である文化、地域、デザインについては、それらが相互に深く関連し合いながら現実に働いていることは明らかである。その関連が、文化を形成し、地域をつくっていること、そこにはつくり方としてのデザインが働いているということができる。現実のまちづくりや地域づくりとよばれるものの多くは、「文化×地域×デザイン」のプロセスであり結果であるといえる。

こうした「文化と地域デザイン」現象を理論的にみるなら、従来は個別に「文化論」と「地域論」そして「デザイン論」として論じられてきた経緯がある。これらを関連付けた議論としては、地域文化論、地域政策論、コミュニティ・デザインや「まちづくり」の議論などがある。これらを統

合しようとする諸研究は、極めて多様であり、理論的にまた学問的にみる
なら分散的であって、収斂の見通しも立ちにくい。また、「まちづくり」活
動などではその対象となる実践は、その時間的空間的な範囲や活動分野、
その目的や手法において多様過ぎて共通性が見出しにくいところが多い。

「文化と地域デザイン学」の構想にあたっては、研究や実践の目的、
そして対象の限定また接近方法の彫琢について、これまでにはない枠
組みを考える必要がある。別の言い方をするなら、「文化」と「地域」
と「デザイン」とについて、相互に関わり合う新たな学問領域を必要と
し、その開拓が求められていることが明らかである。一般的にはこれら
は学際科学（Interdisciplinary science）と呼ばれる学としての特徴を持
つことになる。加えて、実践を視野に入れ、理論と実践の往還を基本と
して、理論と研究そして実践のそれぞれが大きく発展をするためには、
理論研究と実践とを統合した方法論が必要となる。これを超学際的接近
（Transdisciplinary approach）と位置づけておくことができる。「文化と
地域デザイン学」は実践と理論の交錯の場であり、超学際の学としての特
徴を持つことになる。本章では、こうした「文化と地域デザイン学」の狙
いとその特徴及びこれからの展望について論じたい。

1.2 「文化」と「地域」をなぜ取り上げるのか

「文化と地域デザイン」をなぜ考察の対象とするのか、その意味は何処
にあるのか。その背景の1つは、人々の生存の場としての地域社会の成り
立ちということがある。私たちは主に身近な地域社会のなかで生きている
が、同時にその地域社会に支えられて、私たちの暮らしが成り立ってい
る。その地域社会での暮らしが快適であれば、何も問題はない。しかしな
がら、現実には、地域社会での暮らしは、今、全ての人々にとって必ずし
も快適ではない。むしろ問題や障害が数多く横たわっているというのが多
くの人の率直な感想であろう。

私たちは、常に、どうすれば少しでも暮らしやすい地域にしていくこと

ができるのかを考える必要に迫られている。よりよく地域社会を作り直していくためには、何らかの地域づくりあるいは「まちづくり」を進める必要がある。地域づくりには、そのための目的や方法を定めて取り組んでいく必要がある。その取り組み方次第で、地域づくりの成否がきまる。この取り組み方をここでは「デザイン」と考えることができる。つまり地域づくりとは地域をデザインし直すということであり、その方法や方向、あるいは成果を示すのである（新川達郎監修『コミュニティ・デザイン新論』さいはて社、2024年、参照）。

　地域デザインだけでは、従来の「まちづくり」と何ら変わらず、呼び方が変わっただけになりかねない。実は注目しなければならないもう1つの背景がある。それは、人々が暮らす社会の基盤を考えるという視点である。社会の基盤には歴史と風土があり、それを培ってきた人々の暮らしがある。生業や作法、しきたりもこうして主に地域が受け継ぐ文化のなかで成立する。「文化と地域」を考えることは、私たちの社会の基盤を見つめることであり、同時にそれを作り上げている源泉に思いをいたすことでもある。

1.3　文化×地域×デザインを考える意義と方向性

　現実には、文化現象は多岐にわたる。芸術作品やその活動はもちろんのこと、伝統や歴史に属する文化があり、そこには有形無形の文化財として保存されるものもある。一方、日常生活にかかわる生活文化があり、暮らしや歳時また祭事などにも文化がある。これら文化現象にかかわって、その発展や継承を目指す活動がある（イーグルトン、テリー『文化とは何か』大崎洋一訳、松柏社、2006年）。それらは、特段の文化現象として意識されることもなく日常的に継承され変容することもあれば、文化政策や文化制度として施設やその事業に実現され、また市民運動として働きかけがなされることもある。文化はその作品や活動を提供すること、そして活動の場に人々が参加することで成り立つ。

前述のように文化は、様々な場面で現れることから、人間社会の全方位の事象にかかわることになるし、それ故に、地域づくりとの親和性が高いという側面がある。文化活動は教育においても重要であるし、スポーツやレクレーションとも深く関連する。福祉や保健医療でも活用されるし、産業発展や地域経済、観光振興などにも貢献する。これらの諸活動の組み合わせは、もちろん文化活動による地域づくりは当然あるとしても、文化と関連分野による地域づくりを展開することで、より幅広く地域活性化を実現しようとすることが多い。

　文化による地域づくりが実現されるなら、それは地域社会の暮らしやすさを考え実践する人々の営みによる。そうでなければ、自分たちの文化や地域にならないからである（アパデュライ、アルジュン『さまよえる近代──グローバル化の文化研究』門田健一訳、平凡社、2004年）。こうした観点から文化による地域づくりを理解し、デザインすることが求められている。地域にかかわる人々による地域づくりは、文化と地域とデザインの組み合わせから生まれてきたし、これからも生まれ続けるものと思われる。

　「文化×地域×デザイン」は、「文化と地域」を「デザイン」する活動である。その方向付けによって「地域が文化をデザイン」することに重きを置くのか、「文化が地域をデザイン」するのか、それとも「文化と地域とが相互にデザイン」をしあうのか、という3つの方向性をもった活動を具体化するものと思われる。

　第1の方向は、文化（芸術、学術、生活、歴史などの文化）による地域づくりであり、文化の豊かさによってその地域デザインの可能性が大きく広がるところに特徴がある。たとえば、文化施設を起点とする芸術活動によって地域活性化の起爆剤とすることや、文化財や遺跡に焦点を当てて、地域の特徴づけをし、魅力をアップすることなどが行われている。文化が地域をデザインする方向であり、文化による地域づくりということができる。

　第2の方向は、地域が文化を育む可能性であり、そうした地域のデザインを考えることになる。地域が育む文化のデザインが生まれる可能性であ

り、地域文化の発見やその成長、地域の文化力向上、地域住民の芸術活動や歴史など文化への関心の発展が見通される。地域文化の生成発展を生む地域デザインということもできる。

第3の方向は、「文化と地域」が一体となって、地域の文化発展と地域活性化を達成するデザインである。文化の実質や「まち」の姿だけではなく、「文化と地域」を活かす制度提案や計画、設計や組織化などのデザインの在り方が問われるのであり、文化デザインでもなく地域デザインでもない、「文化と地域」デザインという手法をとることになる。文化都市戦略や、重要伝統的建造物群保存地区のまちづくりなどに典型的となる。地域文化が地域社会を育み、地域社会が地域文化を守り育てる、その双方を満たすデザイン力が問われることになる。

1.4 学際科学から超学際科学としての「文化×地域×デザイン」研究に向けて

文化研究、地域研究、デザイン研究

今日の研究状況からすれば、文化研究、地域研究、そしてデザイン研究は、応用科学的な側面があることから共通の対象を持つことも多いが、その一方では、それぞれの学問分野で独自の発展を遂げようとしている。「文化×地域×デザイン」を標榜する「文化と地域デザイン学会」としては、文化、地域、デザインそれぞれの研究を踏まえつつも、そこから本学会にふさわしい意義を引き出さなければ、この事業を始めた意味がない。その意義の引き出し方は、文化、地域、デザインの各分野がそもそも学際的な分野として発展してきたことを踏まえる必要がある。

文化研究については、文化現象の多様性多元性によって、人文科学から自然科学まで、多様なアプローチがあり、多様な理解の必要性、その際に視点の多角性が要請されることなどが前提となる。そのうえで、文化現象の多様性は、既存の学問分野を含めて文化現象を扱う学際的な学問分野を生み出している。既存の学問体系でいえば、人文地理学、文化人類学、文化史学、文化社会学、文化経済学、政治文化論、比較文化論などといった

具合である。文化研究をさらに複雑にしているのは、文化が地域特性との不可分の関係にあり、それぞれの文化の固有性を前提としなければならない点である（アパデュライ、前掲書）。

　地域研究もまた多様な広がりをもつ学問分野である。地域の定義それ自体が多様であり、重層的にマルチ・レベルでとらえられる地域を考えると、地理的空間的な境界を持つ地域概念に限定しても極めて多様である。そのうえ、都市や農村をはじめとする地域を構成する要素を考えると、千差万別の状況にあり、地域を共通の概念とすることすら困難である（新川達郎編『京都の地域力再生と協働の実践』法律文化社、2013年）。地域を冠する研究学会や協会の多さがそれをよく示している。地域研究の多様性、多元性、方法論の多角性などは、地域研究の学際性が反映されている。

　デザイン研究は、元来は建築設計や服飾デザインなどが主流であったと思われるが、装飾品や日用品のデザインなどをはじめとして、美術工芸デザインなども幅広く実践され、また研究されている。デザイン研究はもちろん様々なバリエーションがあり、建築や服飾などのデザインの結果についての研究もあるし、デザインのプロセスに着目して、デザインの方法論を議論する場合もある。デザイン手法の研究は、最近ではデザインの根本思想にも関わって、実験的にデザインを試行する「デザイン思考」(Design Thinking) などの方法論も生み出している（ブラウン、ティム『デザイン思考が世界を変える：イノベーションを導く新しい考え方』千葉敏生訳、早川書房、2019年）。ともあれ、「文化と地域デザイン学」において、研究と実践（成果）を架橋できる研究方法・実践方法を構築（研究デザイン）し、方法論の学際性、実践的有用性の確保（デザイン思考）ができる、こうしたデザイン思想を通じて、文化と地域のデザインである構想や設計が行われ、その社会実装が進んでデザインに基づく作品や施設がつくられ、あるいはデザインされた制度や政策また組織が稼働するのである。

学際科学的研究から超学際的研究へ

文化研究、地域研究、デザイン研究を掛け合わせる「文化と地域デザイン学」は、根本的に学際科学の性質を持つ。学際的接近の価値ないしは一般的目的と「文化と地域デザイン」との関係は、以下のように整理できる。

1つには、学術的専門の分野間、下位部門間、思想や学派間を架橋したり、結び付けたりすることで、文化や地域の現実の理解を容易にする。2つには、より完成度の高い展望を得るために幅広く諸技術やその専門研究者を幅広く動員することを通じて、文化と地域のデザインを考える上での新たな視点を得る。3つには、挑戦すべき課題を解決するため多数の専門分野の手段や接近方法 を糾合し集成していくことで、「文化と地域デザイン」の実践や研究を整理し枠組みを構築する。4つには、調査研究を改善する目的のために伝統的な学問の境界を乗り越えることにより、「文化と地域デザイン」学を既存の諸学問に対して明確に位置づける。

このような学際的接近の今日的意義としては、研究者と実務家に、数多くの学問分野の道具を決定的に重要な問題解決のために運用するべく、革新的また革命的ですらあるように求めるところにある。たとえば、従来世代の学問では、研究者自身が属している、分断され、さらに細分化された専門領域で働くよう枠づけられているが、それを乗り越えることが求められている（Allen Repko and others, *Introduction to Interdisciplinary Studies*, Sage, 2013）。

学際科学的方法は、「文化と地域デザイン学」にとって決定的に重要な接近法であり、文化現象と地域問題の複雑性を踏まえて、文化と地域のデザインを行い、持続可能性の限界に挑戦していくことになる。「文化と地域デザイン学」が直面するこれら争点に対して、文化研究だけ、地域研究だけ、デザイン研究だけでは問題解決にならないのである。

残念ながら、「文化と地域デザイン学」における学際的研究は、複数の学問分野が連携して研究に当たり、学問分野間の架橋をして新たな視点を得るということでは、不十分である。私たちは学際科学の展開のなか

で「理論と実践」を統合し、「研究者と実務家」の協働を実現しようとしているのである。それには、従来の諸学問分野を総合しその上に統合的な研究領域を確立する超学際性（Transdisciplinary）が求められる。超学際科学の特徴は次に示すとおりである（OECD, Addressing societal challenges using transdisciplinary research, OECD Science, Technology and Industry Policy Papers, 2020）。

⑴　超学際的であるためには「協働の度合い」の深まりが必要

　その特徴の１つは学問間協働が表面的なものから実質的なものへと、協働の度合いを深めることである。超学際とは学問間で協力するだけではなく、複数の学問領域を横断し、個々の学問領域を超えた協働研究をいう。

⑵　これまでの見方や方法、価値観を変え、世界を変える新しい洞察を
　　与えるのが超学際性

　超学際的な協働は、認知レベルであれ、現実のものであれ、学問間の境界を解消し、表面上は無関係な領域の関連を見つけ、多様なアイデア・実践・戦略を止揚する。現代社会が求めている超学際は、複雑性を包摂し、不確実性を許容し、緊張を管理する「世界を変える新しい洞察」である。

⑶　超学際は学問分野間の協力ではなく、融合による新たな展望の創造

　超学際的な試みが進展するためには、超学際的な統合的思考方法に基づく研究の文化を根付かせる必要がある。統合的指向を育むこと、協働を成長させること、代替的な展望を受容すること、多様な方法論を融合することが超学際の方向である。超学際とはユニークな協働を主導し創出するものであり、学問間の境界に架橋を行い、差異性を尊重しつつ諸資源を共有し、科学的諸実践を融合して、創造性の発揮をするものである。

⑷　超学際は研究者だけではなく、実践実務家や研究対象、また多様な
　　利害関係者が対等の立場で参加

　超学際的な研究は学問研究の専門家だけではなく、現場の実践者、調

査研究を職業にする人々、地域社会のメンバー、政治リーダー、企業家など多様な構成の人々が参加して実現される。複雑で解決困難な問題は多様な利害関係者の参加がなければ解決できない。実践実務家の参加によってその発展可能性を広げることができる。

(5) 超学際的な研究は、単なる研究ではなく実践と一体

超学際的な研究は重要な今日的課題に関心を持ち調査研究を行い積極的に参画するものであり、学際研究や統合的な研究とは異なっており、その本質は、「実践しながら研究」することと、「研究しながら実践」することとが一体的に実現される。

以上のような超学際科学の可能性は、私たちが目指す「文化と地域デザイン学」にとって極めて適合的である。すなわち、問題への取り組み姿勢、研究者と実践実務家との協働、実践と研究の一体的遂行の3点である。

第1に、超学際研究は単独あるいは少数の学問的観点からは解決できない調査研究を目指しており、特に現代の緊急課題、世界が直面する問題、地域から世界に及ぶ諸問題に対応する。「文化と地域デザイン」領域もまさにそうした問題の一環であり、超学際的方法が適用できる領域である。

第2に、超学際的な研究は学問研究の専門家だけではなく、現場の実践者など多様な構成の人々が参加して実現されるとしている。これは本学会のように文化と地域にかかわる市民、事業者、行政、専門家、研究者が協働して共に考える場にふさわしい研究スタイルといえる。

第3に、超学際的な研究は、学際研究とは異なって、どこかで実践しながらどこかで研究し、また研究しながら実践するという性質を持つ。このことは、「文化と地域デザイン」の本質である実践からの問題提起と、研究の実践への貢献を目指す立場と一致する。超学際的な研究は個々の学問領域の専門性を尊重しつつ、しかし従来の学問領域を動揺させる方法で実現されるのであり、実践からの問題提起が重要とされるが、「文化と地域デザイン学」は超学際科学が目指すところと同じく、実践家と研究者との協働により従来の学問研究と実践実務を超克することを目指す。

1.5 「文化と地域デザイン学」とは何か、何を目指すのか

「文化×地域×デザイン」の研究は、超学際的に「学」の構想を具体化するものであり、手掛かりは地域のなかの文化にかかわる実践実務にあると考える。「文化と地域デザイン学」の目的、対象、方法については、次のように措定し、今後さらに練り上げていくことを考えたい。

〈目的1〉 具体的な社会現象や社会問題、政策課題にアプローチする新しい視点を提供し、新たな知の創造を目指す

〈目的2〉 その積み重ねのなかから新しい文化、地域、デザインのあり方を共創する

〈対象〉 芸術文化活動や文化サービス、文化財や文化施設、文化の歴史伝統や風土、それらが持つ地域における活動の意義、社会的、経済的、また政治的意義とそのデザイン可能性（制度、政策、組織、事業など対象と方法の双方）を議論の対象とする

〈方法〉 文化にかかわる実務家、実践者、研究者が集まり、対等の立場で対話を重ねる超学際的方法をとる

以上のような「文化と地域デザイン学」は、今後の展望として、1つには「応用、実用」という側面では、文化と地域にかかわるこの研究によって生活、生業、事業活動、地域活動、市民活動、地方自治の原動力を発見し、創造（再創造）し、地域の文化・社会・経済・政治の発展を目指すことができる。2つには「将来展望」として、「文化と地域デザイン学」の学問の体系性を確立することは遠い将来のことと考えられるが、やはり追及していくべき未来の目標となる。このように考えるのは、学問の対象や方法を論理的に組み立てる努力は重要だが、当面は応用や実践研究に焦点を当て、その蓄積に多くの時間をかける必要あるという認識からである。

「文化と地域デザイン学」の構築は、前例のない試みではあるが、多くの方々に、ぜひ、関心と興味を持っていただき、「文化と地域デザイン学会」に参集されることを期待している。

第2章
日本の文化政策／地域重視への転換が望まれる

◆ピッコロ劇団の公演「さらっていってよ ピーターパン」の様子
兵庫県尼崎市のピッコロシアターにて
（2024年8月4日松本茂章撮影）

13

文化芸術人材の地域定住を求めて

松本 茂章

2.1 文化関連をめぐる法整備／文化政策における対象の拡大

わが国では、21 世紀に入って文化芸術に関する法律の整備が進んだ。具体的には 2001 年に文化芸術振興基本法が制定された。03 年には地方自治法第 244 条の改正が行われ、公立文化施設を含む「公の施設」に指定管理者制度が導入された。この結果、民間の企業、事業者、非営利団体などが同施設の運営に参画できるようになった。12 年には劇場、音楽堂等の活性化に関する法律（劇場法）が制定され、劇場やホールの活動等は「新しい広場」として地域政策の文脈でとらえられ始めた。

2017 年には文化芸術基本法が議員立法で制定された。01 年の文化芸術振興基本法に新たな概念や意義ある条文を盛り込み、旧・文化芸術振興基本法よりも一層充実した法律になった。たとえば表現の自由に配慮したり、「食文化」を政策対象に加えたり、文化政策人材・アートマネジメント人材に言及したりするなど、基本法らしくなった。

なかでも第 2 条に明記された条文は重要である。「文化芸術に関する施策の推進に当たっては、文化芸術より生み出される様々な価値を文化芸術の継承、発展及び創造に活用することが重要であることに鑑み、文化芸術の固有の意義と価値を尊重しつつ、観光、まちづくり、国際交流、福祉、教育、産業その他の各関連分野における施策との有機的連携を図られるよう配慮されなければならない」。文化政策の対象が「拡張」された訳である。

第 7 条では文化芸術推進基本計画の必要性がうたわれた。第 36 条に規定された文化芸術推進会議には、従来の文部科学省とその外局である文化庁にとどまらず、内閣府、総務省、外務省、財務省、厚生労働省、農林水

産省、経済産業省、国土交通省、観光庁、環境省が加わるようになり、中央省庁を横断する「総ぐるみ体制」が求められた。

文化芸術基本法を受けて2018年には文化財保護法が改正され、保護重視だった文化財に関して活用しやすい状況を整えた。同じく18年には障害者文化芸術活動推進法が制定され、人権保障と社会包摂の姿勢を示した。20年には文化観光推進法が制定され、日本の法律上初めて「文化観光」という概念を定義した。文部科学省と国土交通省が共管し、「文化」⇒「観光」⇒経済という流れで好循環を生み出そうと狙っている。

こうした法整備に、筆者は一定の評価をしている。なかでも文化芸術基本法の制定・施行は、文化政策の総合政策化を図った動きである。

筆者はこれらの法整備に応じて書籍を出版してきた。指定管理者制度ならば『岐路に立つ指定管理者制度　変容するパートナーシップ』（水曜社、2019）、文化芸術基本法ならば『文化で地域をデザインする』（学芸出版社、2020）、文化財保護法の改正ならば『ヘリテージマネジメント　地域を変える文化遺産の活かし方』（学芸出版社、2021）を世に問いかけてきた。

2.2　「箱物建設重視」だった20世紀の文化行政

1980～90年代、自治体が多数の公立文化施設を建設した。いわゆる「箱物行政」の時代だった。伊藤裕夫（2001）によると、1960年代以降、劇場・ホールで40年間の間に30数倍、美術館で10倍に達したそうだ。

日本の劇場・ホールについて、伊藤は「80年代には、およそ5日に1館が、90年代には4日に1館が全国のどこかに誕生しているということで、まさに建設ラッシュといって過言ではない」[1]と振り返った。そして「全国各地に公共ホールが続々建てられたが、その多くは、基本的には住民の集会施設であったにもかかわらず『文化施設』としての機能が付与され、その結果文化事業の実施が求められるように」[2]なったと述べた。

筆者も同感である。欧米の各都市にある劇場・音楽堂等は劇団・オペラ団・バレエ団・交響楽団などを備えており、「施設」ではなく「文化機

関」（インスティチュート）なのである。対して日本では箱物をつくったものの、文化芸術専門人材あるいは芸術家集団を常駐させず、貸館に力点を置き、自主企画事業にそれほど挑まない運営が目立つ。

特に指定管理者制度が導入されて以降、自治体から集客を求められた文化施設や指定管理者は観客や聴衆を集めやすい公演を行う傾向にある。地域と地道に協働する事業の実現が難しくなっているように感じる。

2.3　文化芸術における「東京一極集中」の弊害を克服する努力を

文化庁の資料によると[3]、国勢調査（2010年）で日本の芸術家人口は37万5040人。東京都が群を抜いて1位の11万3550人で全体の30％を占める。人口10万人あたりの芸術家数は1位東京都（863人）、2位神奈川県（455人）、3位埼玉県（347人）と首都圏で1〜3位を占めた。最少の青森県は10万人あたりわずか98人である。余りの格差に驚かされる。

東京・首都圏に芸術家が集まる理由は、地方では仕事が少なく、食べていけないからだろう。だが、これほどの格差を見逃していていいものだろうか。結局、地域に文化施設をいくらつくったところで、芸術家が常駐しないなら、地域に文化専門人材は定着しない。

地域の文化政策では、建物を建設しても、芸術家や芸術専門家集団がいない場合が大半なので、文化×地域×デザインの取り組みを始めようとしても、地域に専門人材が不在である悩みが付きまとう。ハード整備に主力が置かれ、ソフトの人間集団等の配置に力点が置かれてこなかった反省がある。しかし、公立病院を開院する際、医師や看護師が常駐しない病院の姿を想像できるだろうか……。だれも考えられないはずだ。対して、劇場や文化ホールでは、芸術家が不在でも、奇妙だとは思われてこなかった。

とはいえ、日本にも先例がある。1994年に発足した兵庫県立ピッコロ劇団、そして翌1995年に設けられた静岡県舞台芸術センター（愛称・SPAC）という2つの県立劇団が存在している[4]。あるいは、りゅーとぴあ（新潟市民芸術文化会館）を本拠地にして公共劇場専属舞踊団「Noism」が活動して

いる。公立劇団でなくても、鳥取市の NPO 法人「鳥の劇場」は自治体の支援を得て廃校になった小学校や幼稚園の建物を借りて活動を続けている。

　なかでもピッコロ劇団の存在に注目したい。日本で初めての県立劇団として設立され、2024 年で 30 周年を迎えた。1978 年に開館した兵庫県立尼崎青少年創造劇場（ピッコロシアター）を本拠地に活動を繰り広げている。阪神・淡路大震災（1995 年）では避難所となった学校等に出向き、被災者を勇気づけた。障害者の鑑賞サポートや県内に暮らす外国籍の人々の演劇ワークショップにも取り組む。学校を併設して俳優・舞台技術の専門人材養成を行うなど地域密着の活動を続けている。劇団員（24 年 4 月現在 32 人）の住まいを調べると、全体の 59.4％が地元・阪神間の 3 市（尼崎、西宮、伊丹）に暮らし、兵庫県内には 71.9％が住んでいることが分かった。芸術家集団が地元に住むと、多様な手法で地域を元気づけてくれる。対して東京から巡回するのでは限界がある。

　先述した文化芸術基本法（2017 年）は、文化芸術の振興と「観光、まちづくり、国際交流、福祉、教育、産業その他」の関連領域が有機的に連携することで地域振興を図ろうとする考え方を導入したものである。未来の日本に向けて、地域文化遺産の活用や地域文化芸術活動などの振興を目指す時代の要請と、文化×地域×デザインを重視する方向性は合致している。すぐに課題が解決できるとは考えにくいが、まずは、文化×地域×デザインに関する取り組みや研究を地道に重ねていくしかないと思われる。

注

1　伊藤裕夫・片山泰輔・小林真理・中川幾郎・山﨑稔惠『アーツ・マネジメント概論』水曜社、2001 年、140 ページ。

2　同書、4 ページ。

3　文化庁 HP。「文化芸術関連データ集」（2024 年 8 月 21 日閲覧）

4　ピッコロ劇団については、松本茂章「公立劇団の可能性」『都市問題』（後藤・安田記念東京都市研究所）2024 年 10 月号、4-13 ページ、を参照。静岡県舞台芸術センターについては、松本茂章「15 周年を迎えた静岡県舞台芸術センター（SPAC）の変容と課題―公立劇場と地域社会をつなぐ文化政策の視点から―」高田和文・松本茂章編著『SPAC の 15 年―静岡県舞台芸術センターの創造活動と文化政策をめぐって―』静岡文化芸術大学、2013 年、60-84 ページ、を参照。

第3章
「文化と地域デザイン」研究に広がる大きな可能性

◆四貫島住吉神社(大阪市此花区)で開かれた第1回創作紙芝居大会の風景
大勢の若者や子どもたちが集まった
(2024年6月8日松本茂章撮影)

地域発！
北は岩見沢から南は与論島までの奮励記

松本 茂章

3.1　はじめに

　事例編である本書4〜7章を読み進める前に、各事例から、いかなる教訓や示唆を得ることができるのか、いかにして現代的な社会課題に挑んでいるのか、について整理しておきたい。

　新川達郎は1章で、文化×地域×デザイン研究や実践を行うために欠かせない学際的な姿勢について、次の問題提起を行った。

　──「文化と地域デザイン学」における学際的研究は、複数の学問分野が連携して研究に当たり、学問分野間の架橋をして新たな視点を得るということだけでは、不十分である。私たちは学際科学の展開のなかで「理論と実践」を統合し、「研究者と実践家」の協働を実現しようとしているのである。それには、従来の諸学問分野を統合しその上に統合的な研究領域を確立する超学際性（Transdisciplinary）が求められる。（中略）

　超学際的な研究は学問研究の専門家だけではなく、現場の実践者、調査研究を職業にする人々、地域社会のメンバー、政治リーダー、企業家など多様な構成の人々が参加して実現される。複雑で解決困難な問題は多様な利害関係者の参加がなければ解決できない。実践実務家の参加によってその発展可能性を拡げることができる。（中略）

　超学際的科学の可能性は、私たちが目指す「文化と地域デザイン学」にとって極めて適合的である。すなわち、問題への取り組み姿勢、研究者と実践家との協働、実践と研究の一体的遂行の3点である。──

　松本は新川の言葉に共鳴した。複雑化した現代社会の諸課題に対して、研究者も、実践実務家も、市民も、企業人も、総ぐるみで対応しなくて

は、解決にたどりつけないと思うからだ。

3.2　第4章から浮かび上がること

　石井敦子の「在宅医療が問う『生き方・逝き方』の意思決定」を読む
と、大都市近郊のニュータウンを舞台にした高齢化社会と終末期医療のあ
りようがリアルに伝わって来る。「拒否されても必要ならば、介入する筆
者の保健師魂」と表現されている通り、石井は大阪府・東京都の衛生行政
に携わったのち、大学教員を経て 2024 年 3 月に開院した「兵庫ライフケ
アクリニック」で副院長に就任し、在宅医療に取り組む。

　どこまで医療を求めるのか。最期をどこで迎えるのか。漫画を活用して
在宅医療の選択を問いかけている。「胃ろうをつくるのか」「検査を受ける
のか」「繰り返す肺炎で救急車を呼ぶのか」「点滴をするのか」、実に悩ま
しい。松本自身、他人事ではなかった。母は 2023 年 9 月に亡くなったのだ
が、介護施設の医師に呼ばれて「もしも」の際にはどのような治療を施す
のか、施さないのか、を問いかけられた。石井から『マンガで考える在宅
医療の選択　家族の生活は、どうなる？』を受け取り、妻と真摯に読んだ。

　編者である松本は「最初の読者」なのだが、原稿を受け取った際、終末
期における音楽・歌の重要性に触れる場面を読んで、目が潤んできた。
「ナースシンガー」が、訪問看護師を務めながら、シンガーソングライ
ターの活動を続ける。オリジナル曲「お迎えの朝」「ありがとう介護」を
聞きたくなった。石井の原稿では保健・医療、文化芸術（音楽や漫画）、
コミュニティ（まちづくり）などが相互に関連しあっており、1 つの学問
研究、あるいは 1 つの分野の実践だけで対応できないことを思い知る。

　高島知佐子の「ホスピタルアートプロジェクトしずおか」は、大規模な
公立病院を舞台に選んでいる。ホスピタルアートは病院での多様な芸術活
動を呼ぶ言葉で、2000 年代以降、市民権を得てきた。

　高島原稿で 2 つのことに関心を抱いた。1 つはホスピタルアートが病院
関係者に広がっていく様である。2016 年に静岡県立こども病院で取り組む

と、18年には磐田市立総合病院から相談が寄せられて始まった。心を揺さぶる取り組みが始まれば、だれかの心に響き、広がっていくものなのだ。

もう1つは、ホスピタルアートが芸術作品を展示することに限らず、芸術家・利用者・病院職員が一緒につくるので、その活動のプロセスが多様な人々の関係性を変容させたところである。専門性の高い病院のなかで、医療以外の会話（芸術の話）が生まれ、固定化した人間関係に新たな風を吹かせる。「明確な分業と階層を持つ専門職集団」（高島）のセクショナリズムを防ぎ、部署や職位を超えた交流が生まれる。研究者と実践実務家の協働が始まり、縦割り組織に横串を差す領域横断的な取り組みに結実する。

新川達郎の「隣保館からコミュニティセンター、そして岡崎いきいき市民活動センターへ」では、地域改善対策事業を支える法律が2002年に失効したのちも、地域住民の生活環境改善などはとても大切な課題であることに言及している。行政の努力や人々の英知により、隣保館はコミュニティセンターとして再編され、さらにNPO法人が運営するいきいき市民活動センターとして市民に広く利用される施設へと方向転換された。

新川は検討委員会の委員長を拝命して関係者との調整に奔走したという。松本は新川の教え子だが、初めて聞く話であった。新川は環境に関する取り組み、議会の将来像、NPO法人の課題などに精通した研究者と考えていたが、新川の新たな実践家としての一面を知った。この事例では、地域コミュニティの歴史を引き継ぎながら、新たな音楽活動の拠点になっていく姿をたどることができる。文化×地域×デザインの実践における好事例である。

3.3　第5章から浮かび上がること

竹見聖司の「農業特産品づくりとシビックプライド」は、自治体の名称を変えさせるほどの「力」が農業の特産品に存在することを示す極めて珍しいケーススタディである。「平成の大合併」の流れで、篠山・西紀・丹南・今田の4町が1999年に合併し「篠山市」を名乗った際、特段の異論

はなかったそうだ。関係者によると、天下の名城・篠山城の位置する篠山町が丹波国の中心であることは明らかで、あえて「丹波篠山」と名乗る必要はなかったからだ。しかし近隣の自治体が合併して2004年に「丹波市」が誕生すると、影響が生じた。地元の有名ブランド・丹波の黒豆の生産地の中心が「篠山市」であるのは自明であると地元ではとらえていたというが、首都圏など遠方の消費者に理解されない恐れが生じた。そこで2017年から「丹波篠山市」への市名改名運動が本格化したのだ。

当時の竹見は市役所内で改名運動を担当。とても忙しかった。松本が同市内に2つある重要伝統的建造物群保存地区の調査に訪れた際、まったく面談時間がなく、昼休みの時間帯に昼食抜きで特別に対応してもらった。

竹見が2018年に黒豆づくりを始めたのは、この改名運動を抜きに語れないだろう。丹波の黒豆の名前の威力を思い知り、改めて家業の農業を引き継いで、黒豆を本格的に栽培してみようと決意したに違いない。

本文には触れられていないが、竹見の話によると、黒豆の栽培は丹波篠山市の都市景観にも密接に関係するのだという。古くは、水不足のために集落が協力して稲作をしない「犠牲田」を設けた。また、連作に不向きなので栽培地を変えていった。このため、まだら模様になった田畑の光景が出現して、丹波らしい景観になる。地域における農業の重要性を痛感する。

同じ農業を取り上げた高島知佐子の「作ることは暮らすこと　石州半紙と原材料『楮』栽培」は、実に深淵なテーマである。高島が大阪市立大学大学院経営学研究科に提出した博士論文は『伝統芸能上演組織のマネジメント』（2010年）だった。経営学の視点から伝統芸能のありようを分析した高島は、次第に問題意識を深め、伝統芸能を続けるためには伝統芸能に用いる道具の保存・継承が欠かせないことに注目する。さらに、伝統工芸を継承するためには、技術の保存にとどまらず、原材料の確保が欠かせない、という農業の課題に直面した。

このように、個人単位の研究においても、各分野に横串を差す領域横断的な試みが喫緊に求められる。

高島が注目したのは島根県石見地方の神楽で使われる原材料である。石見神楽の大道具・小道具に用いる石州半紙が不足する実態を指摘し、同半紙を製造するためには原材料の「楮（こうぞ）」が必要になる状況を描いた。

　農業は国の礎である。食文化、伝統工芸、伝統芸能を支え、地域の景観を形成する。子どもの頃から食文化、伝統工芸、伝統芸能、地域景観に触れてきた人々の心に、地域の独自性が養われ、「ここに生まれて良かった」とのシビックプライドが構築される。文化×地域×デザインを考えるとき、地域の農業に触れない訳にはいかないと考え、竹見聖司と高島知佐子に原稿執筆を依頼した。素晴らしい両原稿を頂戴できた。

　生きること。暮らすこと。ともに農業と密接に関係している。高島は、和紙づくりの事例について「文化的コモンズは人々の暮らしのなかにあり、暮らしを中心に生まれ、作られるからこそ、異なる領域が結びつき、越境していく」とつづる。近年、地域での文化的コモンズ（社会の共有財）の必要性が叫ばれているなか、編者の松本も、まさに同感する。

　中村まいの「地域文化の担い手としての企業」は、題目通り、企業を前面に出した事例研究である。読み進めると頭の中で阿波踊りの２拍子が鳴り響いてくる。実は松本も阿波踊りに魅せられた１人で、東京都杉並区の高円寺や埼玉県越谷市を訪れ、阿波踊りの実情を調査した。成果は松本茂章編『文化で地域をデザインする』（2020年）の５章で紹介した。しかし本場・徳島の阿波踊りが紛糾状態にあったり、コロナ禍のなかだったりして、調現地査を見送っていた。

　対して、徳島市出身の阿波っ子・中村は、地元企業連の練習にも参加して調査研究を実現させた。熱い研究心が頼もしい。お茶の水女子大学への博士論文『阿波踊りの企業連に見る多層的関係を構築・強化する機能─担い手としての企業連の可能性─』（2024年３月）の実績を踏まえながら、本書では柔らかく、物語風に書いてもらっている。

　従来の企業メセナ研究とは一味違う原稿である。メセナというと企業が芸術家や芸術集団を支援するイメージがあるが、阿波踊りの企業連と踊り

手の間には「ウイン・ウイン」の関係性があるように思える。企業にとっての利点は、商品 PR、企業の社格や社名のアピール、取引先への接待に加えて、従業員の一体感を高めて長く勤務してもらう効用が考えられる。地元の踊り連には資金などの援助が有難いはずで、持続可能な支援に映る。文化と地域デザイン研究を考えるうえで、豊かな示唆に富んでいる。

3.4 第6章から浮かび上がること

宇田川耕一の「美しく時が流れ、ひとが渡り住むところ『美流渡』」は、北海道岩見沢市を舞台にした物語である。読了すると雪の風景が目の前に浮かび、「行ってみたい」と思わせる。地名である「みると」の語感が何ともロマンティックだ。宇田川はかつて毎日新聞の広告局に勤務していたので、同じ新聞業界出身として松本は以前から親近感を抱いていた。

本文には書かれてないが、画家の MAYA MAXX（2025 年 1 月に逝去）と知り合った宇田川は、MAYA MAXX の作品が札幌で展覧会に出品される際、軽トラックを手配して、岩見沢から札幌まで運んだ。この熱情を知り、宇田川に執筆をお願いした。研究と実践のバランスが取れていると感じたからだ。炭鉱が閉鎖されたのち、寂れていく岩見沢およびその近郊の姿を見るとき、地方国立大学の教員として「避けては通れない命題である」（宇田川）と受け止め、文化芸術の持つ力で地域を元気づけようと努めている。興味深いのは、宇田川のような実践実務を経験した大学教員が増えていること。宇田川は社会人院生として大学院に学び、経営情報学の博士号を取得した研究者である。このように研究実績と実践実務経験を兼ね備えた人物が、今、大学の現場でも求められている。

新川達郎の「貞山運河と小屋めぐり」は、新川自身が代表理事を務める NPO 法人水・環境ネット東北のケーススタディである。東日本大震災（2011 年）を乗り越えた物語でもある。江戸時代に掘削された運河「貞山堀」を舞台に、10 軒ほどの小屋が人々を魅了する。何より伊達政宗公以来の運河そのものの文化力が底流に存在する。環境保全という現代的課

題、運河という歴史遺産、運河とともに生きてきた人々の暮らし……。新川は1章で次の言葉を述べていた。「社会の基盤には歴史と風土があり、それを培ってきた人々の暮らしがある。生業や作法、しきたりもこうして主に地域が受け継ぐ文化のなかで成立する。『文化と地域』を考えることは、私たちの社会の基盤を見つめることであり、同時にそれを作り上げている源泉に思いをいたすことでもある」。新川の言葉通りの実例が貞山堀に見いだせる。

岸正人の「公立文化施設は地域の輝く星になれるか」は、松本が専門とする自治体文化政策に関連するテーマを取り扱っている。都道府県や市町村が設立した劇場・音楽堂等が地域にどれほど影響を与えているのか、は長い目で見る必要がある。近視眼的にみれば、単に動員力を高めた、地域の店舗が繁盛した、などの矮小化した論議になってしまうからだ。

岸は、世田谷パブリックシアター（東京都世田谷区）、山口情報芸術センターYCAM（山口市）、KAAT神奈川芸術劇場（神奈川県）、あうるすぽっと・舞台芸術交流センター（東京都豊島区）の開設準備や運営を担うなどの豊かな現場経験を経て、現在は公益財団法人全国公立文化施設協会の事務局長兼専務理事の要職に就いている。山口市のYCAMでの建設「見直し」体験もあり、「地域における劇場」のありように心を配る。

公立文化施設の現場では、2003年の地方自治法第244条改正に伴い指定管理者制度が導入されて以降、地域の劇場・音楽堂等の元気さが減じてきた印象がある。文化×地域×デザインを考える際には、地域の公立文化施設が再び元気を取り戻せるかどうか、は極めて大切な分岐点である。

3.5　第7章から浮かび上がること

南博史の「一粒のお米から世界が見える」は、福井県越前町で展開するフィールドミュージアム活動に焦点を当てた玉稿である。大学教員を務めながら越前町熊谷の人口40人程度の集落に通い詰める熱情に頭が下がる。

南は京都府京都文化博物館の学芸員出身で、考古学が専門である。中米

や中央アジアにも遠征して遺跡を掘る。その間に越前町に通うのは、地域全体をミュージアムにしたいという熱情の発露であろう。

本節で惹かれたところは、集落の全員が集まって共同活動する直接民主主義的なありようである。ここには宗教というベース（浄土真宗本願寺派）がある。そして米づくりという農業の取り組みは、第5章で取り上げる竹見聖司・高島知佐子の両原稿にも通じる。越前焼を復活する試みは、将来の産業振興の萌芽であろう。越前町を見守る南の視線はどこまでも優しい。

島袋美由紀の「与論町の海洋教育『ゆんぬ学』の試み」は新鮮である。正直に申し上げて、島袋の原稿に接するまで「ゆんぬ」という言葉を聞いたことがなかった。与論島の言葉で「よろん」という意味だ。与論島を訪れたことはないが、それでも与論島の雰囲気が鮮やかに伝わって来た。

島袋原稿で興味深いのはゲームづくりのプロジェクトチーム9人の構成である。大学教員（化学者、政治学者の2人）、ITに精通した技術者・公務員（読谷村職員）、博物館職員（琉球大学）、新聞記者（奄美群島南三島経済新聞）、NPO法人事務局長、与論町海洋教育推進協議会の3人（学習塾経営者、元・地域おこし協力隊員ら）となっている。

まさに地域総がかりの体制だと感じた。1章で新川達郎が指摘した「超学際的な研究は学問研究の専門家だけではなく、現場の実践者、調査研究を職業にする人々、地域社会のメンバー、政治リーダー、企業家など多様な構成の人々が参加して実現される」という言葉を裏付けている。

総ぐるみの体制を構築するには、優れたコーディネーターの存在が欠かせない。人脈が豊かで、面倒見がよく、コミュニケーション能力に優れた人物が地域に存在することがカギとなる。そういう人物がいてこそ初めて超学際的な研究が実現する。本節では島袋美由紀が重要な役回りを担う。

志村聖子の「古楽×民間人主導の音楽祭　シビックプライドの構築」は、福岡古楽音楽祭を舞台にして、民間人の活躍ぶりを描く。

音楽祭の会場が、熊本県小国町から福岡市に移転しても、支援する人々

の熱情は少しも変わらない。ボランティア組織の活動があってこそ、全国でもユニークな古楽音楽祭は続けられた。小国町には小国町の、会場を引き継いだ福岡市には福岡市の、それぞれにシビックプライドの向上がみられた。ボランティア組織の熱をいかにして持続可能にするか。志村は「高齢化」「財政面」「運営体制」が複合的に絡みあっていると指摘する。若い世代の多くは、長期的に無償ボランティアを続ける余裕がないとされ、新たな形態づくりが求められている。

　本文には紹介されていないことを少し付け加えたい。志村は大学卒業後、司法試験に挑んでいた。断念したのちに結婚し、夫の郷里でもある福岡で子育てを始めた。九州大学大学院に新しい課程が開設されることを契機に進学し、出合ったのが福岡古楽音楽祭である。実践と研究の奥深さにはまっていき、アートマネジメント研究で博士号を取得し、現在は大学教員を務めている。このように古楽音楽祭が志村の人生を変えた。音楽祭に限らず、地域の文化事業には一人ひとりの人生を変える力がある。文化×地域×デザインを考える際に忘れてはならない効用である。

　4〜7章で取り上げた計14の事例には、いずれも「文化と地域デザイン学」を考えるために、欠かせない要素がたくさん詰まっている。

3.6　「文化と地域デザイン」研究の試み

　3章の最後に、「文化と地域デザイン学」、あるいは「文化と地域デザイン学会」に至った歩みを振り返っておきたい。

　任意団体の「文化と地域デザイン研究所」（代表：松本茂章）は2018年、松本および気の合う研究仲間で発足した。前年の17年に制定された文化芸術基本法が契機だった。第2章で示したように同法第2条にて、これからの文化振興施策は観光、まちづくり、国際交流、福祉、教育、産業その他の各関連分野との有機的な連携が求められた。「文化政策の対象が拡張した」と受け止めたため、もっと多彩で幅広い研究者や実践実務家と知り合いたいと願った。そして研究所の仲間を中心に松本茂章編『文化で

地域をデザインする』（学芸出版社、2020 年）を出版した。

　この時点では「頭の中」だけの研究所で、事務所を構える実態はなかった。2022 年 3 月 31 日付をもって松本は静岡文化芸術大学を定年退職した。大学研究室から退去することになり、自らの研究室を設けたいと考えた。亡き父が所有していた元印刷工場を改修して、22 年 5 月に「本のある工場」（大阪市此花区）を開設した。一角を研究室にして執筆や読書を続けた。工場だけに天井は高くて荷さばき場もあったので、使っていないスペースを活用して、同年 7 月以降、文化と地域デザイン講座を定期的に開いた。継続していくうちに多様で多彩な方々が集い、「知的なサロン」になっていった。参加者は、大学教員、公務員、自治体財団職員、NPO 職員、一級建築士、まちづくり関係者、医師、文化財担当職員、大学院生……ら。異なる立場の人々が集う。学術団体の会合には参加されないであろう方々も含まれた。新鮮な出会いがあった。

　たとえば、同じ此花区にある公衆浴場「千鳥温泉」（第 6 章）の経営者・桂秀明が「本のある工場」開設を紹介した新聞記事を読んで講座に参加した。JR 大阪環状線の 2 駅隣にある毎日新聞大阪本社の「点字毎日」（第 4 章）編集次長・横田美晴がやって来た。ともに初対面だったが、松本が千鳥温泉や点字毎日編集部を訪ねる間柄になった。このおかげで松本は元工場の地元の事例として本書の原稿を執筆できた。「本のある工場」を開設したことで知人が増えた事実は、文化×地域×デザインのためには一定の本拠地や活動スペースが必要であるとの示唆を得た。

　「本のある工場」で継続する文化と地域デザイン講座で築いた人とのつながり、あるいは人間関係を活かせば、「学会になるかもしれない」との考えが、松本の頭のなかでひらめいた。大学院の恩師である同志社大学名誉教授・新川達郎に相談して、2023 年 5 月に文化と地域デザイン学会を設立した。不思議なご縁に導かれてここまでやって来た。そんな感慨を率直に抱いている。これからも多くの人たちとのご縁を大切にして、「文化と地域デザイン」の研究に励んでいきたい。

第4章
1人ひとりの人生を大切にした地域デザイン

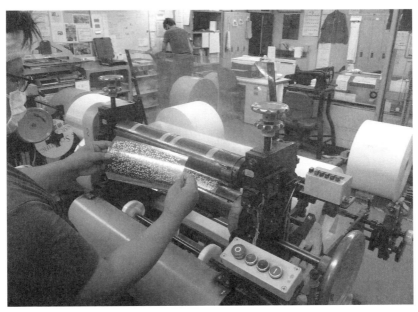

◆「点字毎日」の印刷作業風景。点字を打ち込んだ銀色アルミ板（後ろはドイツ製印刷機）
毎日新聞大阪本社の「点字毎日」印刷室にて
（2023年7月24日松本茂章撮影）

4.1 在宅医療が問う「生き方・逝き方」の意思決定
ニュータウンの高齢者を巡る医療文化

石井 敦子

人や建物が一斉に老いるニュータウン

　いわゆるニュータウンとは、都市部への利便性が高い郊外に、広い道路や公園、学校や病院、商業施設等が計画的に整備されたエリアのことである。国土交通省では、ニュータウンは一般化された言葉になっており、定義されていないとした上で、①昭和 30 年度以降に着手された事業、②計画戸数 1,000 戸以上又は計画人口 3,000 人以上の増加を計画した事業のうち地区面積 16ha 以上であるもの、③郊外での開発事業の 3 つの条件に該当する 2,022 地区を全国ニュータウンリストにより公表している。

　高度経済成長期の都市部への人口集中や深刻な住宅難を背景に、良質な住宅を大量供給する都市計画によって、ニュータウン開発は急速に進められ、1962 年に大阪府の千里ニュータウンへの入居が開始された。次いで、愛知県の高蔵寺ニュータウン（1968 年）、東京都の多摩ニュータウン（1971 年）は日本三大ニュータウンとして知られている。

　ニュータウン開発をテーマに描いたスタジオジブリの映画作品「平成狸合戦ぽんぽこ」の舞台となったのは多摩ニュータウンである。映画公開の翌年、1995 年 4 月に多摩ニュータウンを初めて訪れた。それは、多摩ニュータウンにある東京都南多摩保健所に保健師として着任したからだ。保健師は、担当地区の住民個々の健康問題に対応しながら、地域の健康課題を政策に反映し、将来に渡り、住民の健康を守るのが仕事である。

　和歌山の古い漁村地域に育った筆者には、きれいに整備されたニュータウンはまるで映画のセットのようで、住民の健康問題など存在しないのではないかとさえ思えるほど、きれいな街だった。筆者が受け持ち地区とし

て担当したのが、多摩ニュータウンで最初に入居が開始された「諏訪・永山地区」であった。当時、多摩ニュータウン全体としては、まだ開発計画の途上であったが、諏訪・永山地区においては、既に入居から四半世紀を経ており、働き盛りだった住民が退職を迎える時期になっていた。定年退職して地域活動に力と時間を注ぐ住民とともに、今後のまちづくりを考えた時、地域が一斉に高齢化するというニュータウンならではの健康課題が見えつつあり、将来、高齢者になった住民がエレベーターの設置がない5階建ての団地から買い物に出られなくなることがないように、健康づくりや仲間づくりを目的とした自主活動グループを育成することで、健康課題を乗り越える下地作りをした日々だった。

　2000年4月、地域の課題を都政に反映させるべく本庁への異動により諏訪・永山地区を離れることになった。その後、ニュータウンのオールドタウン化の現状や課題については、都市計画や建築学の分野で研究の蓄積がなされる一方で、その再生については市民活動の力が発揮されてきた。

　諏訪・永山地区でも、2020年10月31日に団地の商店街で、長さ100メートルの布に子どもたちがアクリル絵の具で絵を描くワークショップが学生ボランティアや在住の若きアーティストたちの協力を得て開催されるなど、地域の活性化や多世代の交流が盛んに行われている。このような市民活動に加え、2022年9月、東京都と多摩市が共同で「諏訪・永山再生プロジェクト検討会議」を設置し、多摩ニュータウン全体の再生モデルとして、建物の老朽化や住民の高齢化への対策を先導している。

訪問診療を通して地域に出向く

　東京都庁を退職し、大学教員となった筆者が再びニュータウンを舞台に活動することになったのは、地域に出向かなければ人々の生活が見えなくなる危機感から、兵庫県川西市で訪問診療医をしている波江野茂彦（1962年生まれ）の診療に同行させてもらうようになったのがきっかけである。

　波江野は神経難病を専門とする内科医で、兵庫県内でも7名しかいな

い、川西市では唯一の在宅医療専門医である。訪問診療という医療提供体制がまだなかった頃から在宅医療の可能性を感じていた波江野には研修医時代の忘れられない出来事がある。

余命1か月のその患者は3歳の子をもつ若い母親だった。子どもの祝い事に1日だけ家に帰りたいと言われた時、担当医だった波江野は、家に帰ることができる最後のチャンスだと考え、独断で1泊の帰宅を許可し、不測の事態に備え、患者の自宅まで同行した。家族勢ぞろいの自宅では、何度も感謝の言葉を口にされ、病室で見たことのないような患者の笑顔や家族の喜ぶ顔を見ることができた。「患者が幸せになるサポートができた」と医師としての使命を果たせた満足感に包まれ病院に戻った波江野だったが、上司や先輩の医師からすこぶる大目玉を食らったのである。

1日でも長く延命することを使命とする大学病院では、患者の生きがいや人生で大切にしていることより治療が優先される。「限りある時間を、真っ白で無機質な病室で1日でも長く生きることと、仮に1日寿命が縮まったとしても、家族と笑いあえるカラフルな時間を過ごせるのとでは、その方の人生の質が違ってくるのではないか」と、大学病院ではできない医療が在宅にはあると言う。

川西市は、人口約15万人、約7万世帯が暮らす大阪と神戸のベッドタウンである。高度経済成長期に山肌を切り開き、いわゆるニュータウン開発で人口を集めた住宅都市であり、入居当初からの住民の高齢化は加速している。なかでも、昭和40年代に分譲が開始された地区では高齢化率が既に40％を超えている。

多摩ニュータウンで担当していた諏訪・永山地区は団地の共同住宅を中心に形成されていたが、川西市は戸建て住宅型のニュータウンである。住宅形態は異なるものの、整備された広い坂道や至る所に公園がある環境は共通しており、保健師時代の家庭訪問を懐かしく思いながら、訪問診療で地域住民の生活に入っていくのがライフワークとなっている。

「医者嫌いの学者さん」との出会い

　ある日、中村賀代子（1938年生まれ）が膝の痛みを抱えながら何キロメートルもの坂道を歩いて波江野を訪ねてきた。クリニックのホームページを見て波江野を選んだようだ。

　88歳になる夫は頑固な医者嫌いで、だんだんと動けなくなり布団から出ることもできないため、救急車を呼ぼうとすると全力で阻止すると言う。波江野は親身に話を聞き、まずは妻の負担への対処として介護保険サービスの導入を助言した。夫が頑なに医療を拒否しているところへ訪問に行くのはどうかと躊躇している波江野だったが、拒否されても必要ならば介入する筆者の保健師魂に火がつき、翌日、気がつけば波江野を引き連れ、老夫婦が住む自宅のインターフォンを押していた。

　医者嫌いの夫に話を聞くと、「体に変化があっても、病院には行かず、そのまま家で死にたい。もうやり切ったので、いつ死んでもいいと思っている。自分が思うように逝きたい」と言った。夫は金属工学の研究者だった。部屋に飾られている写真などから、研究熱心で人望も厚く、教え子たちに慕われた学者人生の歩みを窺い知ることができた。一方、妻は「本人の意識がなくなるようなことがあれば救急車で病院に運びたい」と話し、夫婦の思いが違っていた。これはよくあることで本人や家族の希望をすり合わせ、双方納得のいく道を見出していくのが在宅医療の醍醐味である。

　自宅で自然な最期を迎えられても、かかりつけの医師がいなければ、救急車を呼び、警察が介入することになってしまうため、訪問診療の必要性を理解してもらい、波江野が定期的に訪問することになった。その訪問の都度、妻に老衰について丁寧に説明しながら、救急車を呼び病院に入院した場合、どのような状態になるか理解してもらうよう努めた。

　そのような関わりが半年以上続いたある朝、発熱した夫にプリンやアイスクリームなど、口当たりの良いものを食べてもらい、少し休んだ午後、脈が触れていないことに気がついた妻は、救急車を呼ぶことはせず、夫の

意思を尊重して自宅で静かに見送られた。

　大きな病院へのアクセスが便利に整備されているニュータウンでは、体調で気になることがあればすぐに専門の診療科を受診することができる環境にある。つまり、求めたいように求めることができるだけの医療資源に恵まれているのだ。そのような環境では、人生の終末期に至っても、とことん医療を施すことはできるが、それは、どこまでの医療を求めるのか、最期をどこで迎えるのか、それまでの時間をどう生きるのかといった個人の死生観によって意思決定しなければならない問題である。さらに、その意思決定を尊重するには家族の理解と協力が必須となる。医者嫌いの学者さんほど確固たる死生観をもっている人も滅多にいないが、最期は家族の手にその身を委ねざるを得ないだけに、家族自身が人生の終末期に起こる様々な医療的な選択について理解する必要がある。家族の理解と協力があってこそ、その人らしく生きる人生を全うできるのだと、医者嫌いの学者さんの夫妻から学ばせてもらった波江野は「ご主人の医師不要の生き方を貫くお手伝いができたことに、医師として誇りを感じている」と語った。

マンガで意思決定をサポート

　人生の終末期には様々な医療に関わる選択を求められる場面に遭遇する。在宅医療においては、その選択を家族も含めた生活の場ですることになるため、医者嫌いの学者さんのように家族の理解が不可欠であるが、実際の現場ではそれがとても難しく、「選択した後で、こんなはずじゃなかったと後悔する家族がたくさんいる」（波江野）。

　たとえば、誤嚥性肺炎などで救急車を呼んだ場合、入院治療により肺炎症状はよくなっても、病床で絶食、安静にしていたため、全身の筋力が低下し、歩いていた人が寝たきりで退院してくるといったことはよくあることである。そうすると、たちまち家族の介護生活が一変する。救急車を呼ばない場合は、在宅ではどのような治療や経過となるのか、こういった情報を踏まえて、選択した先の家族の生活をイメージしたうえで、悔いのな

い選択を支援したいと考えた。さらに、医者嫌いの学者さんのごとく、仕事を成し遂げた人ほど「やり切ったので無駄に延命はしたくない」と言われる方が多いことや、ニュータウンにはそのような仕事の上での成功者が多く住んでいることも実践を通して経験している。その本人の意思を尊重できるかどうかは、家族にかかっているのである。

「生活をイメージしやすくさせるには、マンガが良いのではないか」と提案したのは波江野だった。「高齢者でも見やすい、絵を見るだけでもストーリーが理解できる、マンガは日本が世界に誇る文化だ」と後押ししてくれたのは死生観や宗教学が専門のアメリカ人、カール・ベッカー（京都大学政策のための科学ユニット特任教授、1951 年生まれ）だった。ベッカーは、潔い大往生を誇りに思う日本人の死生観を研究するために半世紀前に来日、死を忌み嫌う日本文化に触れながらも、日本人らしい尊厳ある終末期のあり方を探求している。マンガの作画に力を貸してくれたのは、石ノ森章太郎の作品研究が専門の伊藤景（日本大学芸術学部文芸学科助教、1991 年生まれ）だった。筆者が学会で伊藤と知り合い、食べ物の好みで意気投合したのを機に、強引に引きずり込んだのである。しかし、直近に祖父を失くした経験から、「素人の家族が最期、選択を迫られ困った。マンガのメリットである分かり易さで生活のイメージをお伝えできればと思う」と、医療の素人目線で関わってくれる貴重な存在であった。

　この 4 人の制作チームで作り上げた冊子が『マンガで考える在宅医療の選択　家族の生活は、どうなる？』である。高血圧の持病を抱える夫と、腰と膝に痛みがある妻、近くに住む定年間近の息子が登場する。この老夫婦と息子が「胃ろうをつくるのか」「検査を受けるのか」「繰り返す肺炎で救急車を呼ぶのか」「点滴をするのか」という 4 つの場面で「する／しない」を決めた後の生活がどうなるのか、それぞれのストーリーをマンガで描いた。日本学術振興会の科学研究費で行った研究成果の還元として冊子化することができ、2023 年 3 月 1 日に第 1 刷が発行された。

　冊子は、波江野を初め、在宅医療に関わる医師や看護師、ケアマネ

◆冊子『マンガで考える在宅医療の選択　家族の生活は、どうなる？』
（2023年3月筆者撮影）

ジャーやヘルパー、病院のケースワーカーなど幅広い職種に活用されている。そのような多職種とは別に、冊子の普及に一躍を担ったのは、医者嫌いの学者さんの妻、中村だった。自身の介護や看取りの経験を地域の集まりで語り、高齢期に起こる様々な選択に備えることや家族で話し合うことの重要性について冊子を用いて啓発しているのである。「ご近所さんもみんな高齢者で同じような年頃なので、これを読んでもらって在宅医療を知ってもらいたい」という思いからである。サポートの対象であった住民が地域の頼もしい支援者となって輪を広げていってくれる、それこそが保健師の目指す地域づくりであり、保健師冥利に尽きる有難さである。

死生観を語り歌う、市民講座

　冊子で取り上げた高齢期によく起きる出来事のいずれも、その根本は、どこまでの医療を求めるのか、最期をどこで迎えるのか、それまでの時間をどう生きるのかといった個人の死生観を問うことにつながっている。しかしながら、高度経済成長期以降、入院医療の進展とともに人々の生活から死が遠ざけられてきたために、死について考える機会を失い、死生観の涵養が阻まれてきたのである。

　生きることや死ぬことに対する考え方は、それぞれが歩んできた人生の経験や生活する地域の風土、伝統的な価値観、信仰など様々な影響を受けて培われていく。まち全体が老いるニュータウンだからこそ、地域で死生観を語り合える文化の創造が今、求められているのではないだろうか。

訪問診療でかかわる在宅療養の高齢者だけでなく、広く一般市民にも働きかける必要があると考え、市民講座を計画した。

　死生観を語り合う場として、市民講座の会場に選んだのは、クリニックに程近い川西市平野の岡本寺である。岡本寺では既に30年以上も前から檀家に限ることなく、広く地域に学びの場を提供してきた。最近では地域の子どもたちを集めた「寺子屋」や高齢者の関心ごとをテーマに学ぶ「二十五三昧会」を初め、年間を通じて、幅広い世代を対象に様々な行事を展開し、それらは地域のちょっとした風物詩である。その住職、平田信活（1959年生まれ）はユニークな経歴と個性を放つ人物だ。キリスト教徒の家庭に生まれ、礼拝で讃美歌を高らかに歌って育ち、その歌声は天にも届くほどである。教員を志し、大阪教育大学に進学、そこで巡り合った寺の娘と結婚し、のちに三十三世住職となる。「人は何らかの形で誰かにお世話になって生きて、死んでいく。そのなかで、その人の人生の完成をサポートし合える、そのつながりを作る場が大事だ」と考え、市民講座の会場提供や講座での歌声の披露を快く引き受けてくれた。平田は中学生の頃からギターを弾き始め、フォークソングを得意とする。そんな平田とセッションしてもらいたい人物が筆者の脳裏に浮かんだ「ナースシンガーしお」こと、塩﨑大輔（1985年生まれ）だった。塩﨑は、現役の訪問看護師をしながらシンガーソングライターとして音楽活動をしている。「人の人生は死を意識することで、生が輝きを増すと思うんです」という塩﨑が作詞作曲する歌には、訪問看護でかかわっている患者や家族から感じ取る生の輝きが込められている。その歌を独学のギターで弾き語りをしながら、療養や介護の大変な日々を過ごす方々に癒しの時間を届けているのだ。

　2024年2月25日、日曜日の昼下がり、岡本寺で『人生を考える在宅医療講座〜高齢期に起こる出来事への対応〜』を開催した。あいにくの雨空だったが、100人を超える参加があり、地域住民にとっても関心の高いテーマだったようだ。講座は3部構成で、第1部では高齢期の身体機能の変化に関する医学的知識と在宅療養での医療的な選択について波江野が講

義した。第2部は在宅療養を支える医療・福祉のケアスタッフ（訪問看護師、ケアマネジャー、医療ソーシャルワーカー）によるパネルディスカッション、第3部の平田と塩﨑の弾き語りでは、塩﨑のオリジナル曲である「お迎えの朝」と「ありがとう介護」の2曲を演奏した後、平田が参加者全員で「千の風になって（作詞：不詳、日本語詞：新井満）」を歌おうと呼びかけ、「この曲が紅白歌合戦で歌われた翌年、お墓は1つも売れませんでした」と会場を和ませ、全員で合唱した。

　参加者のアンケートには、「自分の死生観を見つめる機会になった」「死生観を子どもたちと共有しておかなければ、自分の思い通りにならないことが良くわかりました。早速、家族で話し合いたいと思います」「縁起でもない死について、明るく楽しく、会場が一体となって考えられたことに感動した。死について考えるのは、縁起が悪いことでなく、人生をよりよく生きることだと感じた」といった感想が寄せられた。

　この市民講座の当日、予期せぬ事態が起こった。それは、この日の毎日新聞朝刊のコラム「滝野隆浩の掃苔記」に、冊子『マンガで考える在宅医療の選択　家族の生活は、どうなる？』が紹介されたのである。コラムにはクリニックのホームページから冊子の申し込みができることが書かれており、申し込まれたものはメールに転送される仕組みになっている。市民講座の準備に追われる最中、冊子の申し込みフォームから転送されるメールの着信音が鳴り響き、まるで異常事態だった。講座中も鳴り止むことなく、最終的には全国各地から2,000件を超える冊子の申し込みがあった。

　市民講座が終わるや否や、波江野とともに冊子の送付方法や発送作業について検討し、冊子を増刷、順次送付したが、あまりに大量だったため、全ての発送終了までには2か月程度かかってしまった。ようやく発送の終わりが見え始めた頃、クリニックの郵便受けには毎日のように封書の山ができていた。封書は到着が遅れている冊子の催促かと思い、恐る恐る開けてみたところ、いずれも、冊子を読まれた方からの感謝が綴られていた。

　市民講座や全国各地に送付した冊子の反響から、自分の生き方・逝き方

を考えようとしている人が決して少なくないことを実感した。これまで、死を単に遠ざけ、「生」に目を向けることをないがしろにしてきた医療の価値観を医療者は反省すべきではないだろうか。

ニュータウンから新たな医療文化の創造を目指して

2024年3月1日、波江野はこれまでの医療の概念を覆す「生」の質を高める人生の幕引きの場となる病床を備えた新たなクリニックを開業した。筆者はその副院長に就任、クリニック内で近所の高齢者とともに死生観を語り合う「死生観カフェ」に取り組んでいる。地域で死を語り合う文化を築くことで、最期までその人らしく生きることを支え合える絆が新たな地域の価値となる。そのようなソーシャルイノベーションを日本社会の縮図とも言えるニュータウンから生み出したいという思いからである。

高度で最先端の治療が質の高い医療を推進するとされ、その実践と研究は大学病院が中心となって牽引してきた。しかし、老いる社会では、医療を受けることで本来の生活が担保される「治す医療」より、医療が生活や人生を全うすることを担保する「支える医療」の重要性が増す。それを担う在宅医療の実践の場は地域であり、その研究は大学病院で出来るものではない。著者は長らく和歌山県立医科大学の教員を勤めたが、医科大学には臨床・研究・教育の3つが求められる。一方、地域のクリニックには誰も研究は求めない。しかしながら、多死社会を迎えた日本の医療の質を左右するのは在宅医療であり、その研究は地域で実践する者にしかできない研究である。であるなら、日本の医療の発展のために、誰もが自分らしく生きる社会を創造するために、在宅医療の実践と研究を自ら担い、世界に誇れる長寿社会をデザインしようと思うのである。音楽や演劇、映画等の芸術文化が人に癒しを与え、人生を豊かにするように、良質な医療はその人の人生を豊かにすることができる。人々の生活や地域に溶け込む在宅医療は、医療の芸術性を高めることができる可能性に満ちており、日本の医療文化を変革する特効薬になるかもしれない。

4.2 ホスピタルアートプロジェクトしずおか

高島 知佐子

ホスピタルアートとは

2000年代頃から日本でも多様な分野で芸術活動が行われるようになり、その1つに病院での活動が挙げられる。欧米では Arts in Health Care、日本ではホスピタルアートと呼ばれることが多い。治療で病院を利用する患者やその家族にとって、病院は決して過ごしやすく心安らぐ場所とは言えない。病院には植物をはじめとした生き物を置くことができず、衛生面に優れた素材を使用することから無機質な空間になりやすい。しかし、利用者の視点に立てば、心身ともに辛い状況に置かれる時こそ、自然の美しさや人の温かさが感じられる場所であることが望まれる。ホスピタルアートは、病院の廊下や室内を装飾するなど、療養環境の改善を目的に取り組まれるが、職場環境の改善、治療しやすい空間づくりといった狙いを併せ持つこともある。ほとんどの人が病院で生まれ、一生を終えていく時代において、病院の環境を考え、活動していくことは全ての人々の生活に関わることと言える。

ホスピタルアート活動は3つに大別でき、1つ目はアーティスト等の作品を展示すること、2つ目は利用者や病院職員向けのイベントを行うこと、3つ目は利用者や病院職員、アーティスト等の外部の人々が一緒に作品をつくる、イベントを開催することである。2つ目と3つ目の活動の場合、そのプロセスにおいて多様な人々との関わりが生まれるため、空間が変わる以上の目的または効果を伴うことが多い。

日本における病院での芸術活動は1970年代から絵画展示を中心に行われてきたが、本格的に広がり、ホスピタルアートという言葉が定着するよ

うになったのは 2000 年代からである。ホスピタルアート活動を牽引してきた NPO 法人アーツプロジェクト（大阪府）の功績は大きく、同団体の登場以降、関西圏や首都圏、名古屋等でアーティスト、NPO、芸術系大学、芸術学部と医学部を持つ国立大学等が積極的に活動を行うようになり、今やホスピタルアートは珍しい活動ではない。

　活動内容に目を向けると、上述した 1 つ目のタイプの活動が多い。ホスピタルアートが病院にアートを取り入れる活動にとどまらず、病院とアートが融合することによる双方への相乗効果を生むには、人々の関わりが生まれやすい 2 つ目、3 つ目のタイプの活動が蓄積され、そのプロセスが議論されていく必要があるだろう。本節では静岡県浜松市にある静岡文化芸術大学の学生と教員が 2015 年から取り組んできたプロジェクト「ホスピタルアートプロジェクトしずおか」の活動を紹介し、活動を立ち上げ、積み重ねていくなかで見えてきた 2 つ目と 3 つ目のタイプのホスピタルアートの意義と課題を検討したい。

「ホスピタルアートプロジェクトしずおか」の活動

　浜松市は人口 80 万人弱の政令指定都市で、楽器メーカの拠点があることで有名である。市内には公立美術館、科学館やアートセンターのほか、大規模ホールもあり、美術や音楽に従事する芸術家は多くいるが、芸術活動で生計を立てている人は限られている。民間非営利の芸術団体も多くはなく、市内にはアーティストを育成する大学もない。

　2015 年から静岡文化芸術大学の学生と筆者で「ホスピタルアートプロジェクトしずおか」（以下、HAPS）という任意団体を作り、静岡県内の病院でホスピタルアート活動を始めた。2015〜2017 年度は大学内の競争的資金を得て活動基盤をつくり、2018 年度から企業や個人の寄付で継続的に活動ができる体制になった。2015 年度から 2019 年度まで浜松ろうさい病院、2016 年度から静岡県立こども病院、2018 年度から磐田市立総合病院で活動を行っており、ここでは現在活動が続いている静岡県立こども

病院と磐田市立総合病院での活動を取り上げる。

静岡県立こども病院

　静岡県静岡市にある静岡県立こども病院は、病床数279、職員数約652名（2023年4月時点）の小児総合医療施設である。高度医療や先進医療の必要な子ども0〜18歳までが治療を受ける。病棟には長期入院の患者も少なくなく、院内には保育士が常勤し、院内学級や大学生ボランティアによる学習指導も行われている。

　2016年に公益財団法人静岡新聞・静岡放送文化福祉事業団[1]が運営する駿府博物館が、静岡県立こども病院で活動するファシリティドッグ[2]写真展を企画し、同博物館学芸員との繋がりから、HAPSも同事業に協力した。博物館に行けない病院の子どもや保護者向けに、博物館で展示される写真の一部を院内に展示し、これをきっかけに、翌2017年度「へんてこテコテコ展」、2018年度「まちをつくろう展」、2019年度「星のランプの展覧会」を開催した。これらの取り組みは、子ども、保護者、病院職員等、誰でも参加できる院内ワークショップと、ワークショップで制作された作品による院内展覧会をセットで開催するものであった。2020年度以降は感染症の影響で、利用者と直接交流しない活動形態をとり、2020年度「森のお祭り」オンラインワークショップ、2021年度は本活動の支援企業と学生による「てててカレンダー」制作、2022年度は芸術家・木梨憲武の作品展、2023年度は院内廊下の装飾「カラフル散歩道」制作に取り組んだ[3]。

　静岡県立こども病院での活動が2016年度から現在まで続いた背景には、2017年度に民間助成金を得て活動を行ったことが挙げられる。2016年度の活動終了時に病院担当者と博物館学芸員から公益財団法人ベネッセこども基金の助成事業に応募し、新しい連携事業に取り組みたいとの話があり、病院、博物館、大学の3者連携で挑むことになった。幸いにも採択されたが、新年度に病院、博物館双方に人事異動があり、新しい担当者と

ほぼ一から企画をスタートすることになった。

　企画内容に関するディレクションを浜松市内で芸術家や若いクリエイターが集まる絵本専門店「キルヤ」を営む星野紀子にお願いし、星野と学生、博物館で企画を検討した結果、空想の生き物を作るワークショップを行い、子どもたちが制作した作品を展示する「へんてこテコテコ展」を博物館と病院の双方で開催することになった[4]。空想の生き物をテーマにしたのは、病院という規制の多い場所で過ごす子どもに自由な発想で創作してもらいたいという思いからである。

　博物館での展示には、生き物が住む森、海の世界を表した壁画を作り、その空間に子どもたちの作品を展示することにした。壁画のデザインは、星野の紹介で当時浜松市内で活動をしていた芸術家・熊谷隼人にお願いし、熊谷の指導のもと学生が約2か月かけて制作した。熊谷、星野は自らの仕事の合間を縫って大学に足を運び、デザイン確認や学生指導を連日行った。学生は壁画制作のために確保した学内スペースに作業着を置き、授業と授業の合間に色を塗り、時間になったら授業に行き、夕方にまた色を塗るという生活を送った。

　ワークショップ会場には、車椅子やストレッチャーでも参加できるよう病院の大会議室を使用した。子どもは毎日、それぞれに治療や食事、リハビリ等の時間が決められ、一般的なワークショップのように時間を定めて一堂に会すことはできない。13〜17時までの間、それぞれの予定や体調に合わせて滞在時間、参加時間全て自由な開催形態とした。空想の生き物が生まれやすいよう、大会議室を通常の病院空間とは違う雰囲気にするため、展覧会用に制作した壁画と同じデザインを大型プリンターで印刷し、それを会場の壁に貼った。ワークショップ用作業スペース以外にも、絵本の読み聞かせ、遊べるスペースを設け、好きに過ごせる会場構成にした。ワークショップで使用する素材は、事前に病院が安全確認を行い、複数ある病棟の医師、看護師、保育士等の意見を踏まえて準備した。

　ワークショップは日にちを分けて2回開催した。当日はワゴン車に資材

を詰め込み、朝から病院で準備をし、13時から子どもたちを迎えた。子どもは保育士や看護師、保護者に連れられて1名または2〜3名単位で参加した。手足が不自由だったり、ストレッチャーに寝たままで作業をしたり、様々な子どもがいる。子ども1名に学生1名がつき、子どもの意思を尊重しながら一緒に制作するスタイルをとった。初めてのワークショップ、初めての学生との会話に、最初は戸惑う子どももいたが、ゆっくりと手を動かしていると、徐々に会話が生まれ、意思表示をするようになっていった。同時に、同伴した保護者や病院職員も一緒に作品を作り始め、医療以外の会話で談笑し、子どもの作品に驚く姿も見られた。

病院での展覧会は、小会議室を1週間貸し切り、博物館の展示を小規模化し移設した。博物館と病院は設備が異なり、どちらも普段とは異なる使い方をするため、安全な壁画設置と作品の固定に試行錯誤を繰り返した。病院は日頃研修や会議で使用されている会議室を1週間借り切るために各部署と調整を行い、場所を確保した。

病院にも負担のかかる活動ではあるが、活動継続に前向きな反応を多く得て、2018年度、2019年度もほぼ同じ形態で、テーマや内容を変えてワークショップと展覧会を行い、現在に至っている。

◆静岡県立こども病院「へんてこテコテコ展」ワークショップ（2017）の様子　　　（青木遥香氏撮影）

磐田市立総合病院

静岡県磐田市にある磐田市立総合病院は、病床数500、診療科数34、職員数915名（2024年4月1日時点）の急性期病院である。近隣の市町か

らも患者を受け入れている中核病院で、医療従事者の人材育成の役割もあり、多くの研修生がおり、勉強会等も行われている。2018年に、磐田市立総合病院からホスピタルアートに取り組みたいと相談があり、活動が始まった。

　高齢患者や短期入院患者が多いため、静岡県立こども病院のようなワークショップ開催は難しかった。長年「磐田絵画クラブ」が同院で絵画展示をしていたことから、最初は実験的に絵画クラブの作品をより楽しめる装飾を施す活動を行った。2020年度は感染症の影響で活動ができず2021年度から病院職員対象のワークショップで作品を制作する活動に変化した。

　2021年度は、利用者向け情報を掲示している病院ロビーの大きな窓に高さ5メートル×横5メートルの大きなトナカイの絵を病院職員と学生で制作した。学生が壁画をデザインし、それを50ほどのパーツに分解しプラスチックパネルに形どったものを用意した。職員と学生の混合グループでパネルをマスキングテープで装飾し、それらを合体させると大きなトナカイになるというものである。計2回のワークショップで、1回目に装飾を行い、2回目にパーツを窓に設置し、最後にトナカイが現れるという構成にした。

　企画を考える前の病院職員との打ち合わせで、アートに苦手意識のある職員が一定数いることがわかった。実際に、最初のワークショップでは、「学生時代、美術はダメだった」「絵心がない」と躊躇し、ワークショップを見学するだけの職員もいた。院内の役職や経験にかかわらず部署や立場を越えた交流が生まれるよう「誰でも楽しく簡単」で、最後にはひとりではできないような作品や装飾が仕上がることを意識した。ワークショップは多くの職員が参加しやすい17〜19時に設定し、異なる日にちで2回開催し、各回40名程度の職員が参加した。

　2022年度は2021年度ワークショップに参加した職員からのリクエストで、手術室前の空間装飾をした。手術を受ける患者の多くは、病室から歩いて手術室に移動するが、殺風景な手術室前の空間が患者を緊張させるた

め、それを和らげたいという要望だった。2023年度は、周産期センターの陣痛室と分娩室に展示する作品制作と装飾に取り組んだ。

手術室前の空間装飾では、学生があらかじめ大小異なるサイズに切っておいた丸い和紙を染め、それを壁に貼るワークショップを開催した。学生が考えた企画を絵の得意な学生がデザイン画に落としこみ、それを媒介に色や形について職員と具体的な意見交換ができるようにした。壁の色はいくつかの案のなかから職員同士で相談し決定した。装飾に使用する和紙は、防炎加工されているものを複数取り寄せ、染め用の色水を含ませた時の耐久性や色の浸透加減、時間が経過した際の発色等をいくつも実験し選んだ。

ワークショップでは、簡単に染められ、かつ個性も出るよう事前に調合した色水を使用し、職員5名程度に1名の学生が入り、学生の誘導のもと和紙を染めた。2回目は、1回目に作った染色済み和紙を手術室に貼った。病院の通常業務に支障をきたさないよう、事前に手術室の予約状況、患者の出入りなどを確認し日程を決めたが、緊急の手術や予期しない出入りは発生するため、作業を止めて道を作れるように必要最小限の道具で実施できる形を作った。おおまかなデザインのガイドラインを学生が用意し、それを参考に職員が刷毛で和紙に糊をつけ壁に貼り、別の職員がローラで固定する共同作業を繰り返した。最初は恐る恐るだった作業も、枚数を重ねるごとに慣れ、皆で全体を見ながら、「ここに小さなサイズの装飾をしてはどうか」「ここが少し寂しいから何かしよう」といった具合に

◆磐田市立総合病院・手術室前装飾（2022年）
　のワークショップの様子　　　　（筆者撮影）

進んでいった。2023年度は、ポーリングアートを用いて、分娩室の壁にかける作品を制作し、その周りをカッティングシートで装飾するワークショップを開催した。

　ワークショップの参加者は、最初は医療部門が多く、2年目から管理部門が増えている。勤続1年未満の職員の参加が増え、ワークショップは病院組織を知る・慣れる場にもなっていることが窺える。加えて、最初は未知の活動ゆえに立場上参加する人が多かったが、回を重ねるごとに自分の意思で参加する人が増えている。

病院での芸術活動の意義と難しさ

　HAPSで取り組んできた2つの病院の事例からホスピタルアートの意義を整理すると、以下のようなものになる。

　ホスピタルアートは、プロセスにおいて医療以外の会話、経験を共有することに1つの意義がある。経済学において医療は信用財と言われる。医療では、患者と職員の間に情報の非対称性が存在し、患者は医療の質を適切に評価することができなく、職員を信頼するほかない。また、患者は治療目的で病院を利用するが、医療中心の会話は不安で心身ともに疲弊しやすく、安らぐことが難しいというジレンマを抱える。ホスピタルアートが患者と職員の間に介在することで、医療以外の視点から互いを知り、信頼関係構築につながる可能性がある。

　これは職員同士においても同様である。病院は、専門性による明確な分業と階層を持つ組織で、セクショナリズムに陥りやすい。また、日々多くの患者の生命を扱うため、安全かつ効率的な体制が敷かれ、病院で働く人々には規則と緊張が常となっている。こうしたなかに、正解がなく、優劣や経験値が可視化されない活動が介入することは、部署や職位を越えた交流、職員の意外な一面の発見に繋がり、フラットな組織づくりに貢献する。

　もう1つ、患者目線での職員間の情報共有や新たな気づきが得られるこ

ともあげられる。活動を重ねるにつれて、企画や具体的な内容を決める際の職員と学生の打ち合わせは、多くの場合、複数部署の職員が参加するようになった。企画を決めるには、使用する材料や物の配置、装飾の形状や位置の安全性を検討し、法律上の問題がないかも確認が必要となる。関係する部署の職員が集まり検討した方が効率的だと認識されるようになったと言える。しかし、医療、病院、患者のことを知らない学生との打ち合わせでは、それぞれの職員が一から自らの考えとその理由、懸念事項等を説明しなければならない。なぜその素材や大きさは使用できないのか、なぜその位置や場所の装飾は難しいのか、患者の行動や医療の安全性の観点から説明される。この過程で、部署の異なる職員は他部署の職員が患者目線でどのように考えているのかを学生と共に知ることがある。

　最後に、アートや学生側の意義にも触れておきたい。規制の多い病院での活動では、アーティスト、学生ともに通常とは異なる発想をしなければいけない。文化施設や教育機関と病院では当たり前が異なり、自らの考えを詳細かつ具体的に言語化または可視化することが求められる。さらに、使用できる素材、設置方法には制限が多く、自らが経験してきた活動をベースに考えると病院でできることは無くなっていく。素材は衛生面と耐久性に優れていることが条件で、調達は画材店よりもホームセンター、量産品よりは特殊品を使うことが多い。予算は限られているため、安全性確認や素材探しの情報を得るために企業に問い合わせをし、加工が必要な時には業者を探す、交渉するといった具合である。インターネットでは得られない情報収集、一見するとアートとはかけ離れた情報が必要になる。この過程は、特に学生にとって確実な情報を得て、多くの人に自らのやりたいことを伝え協力を仰ぎ、巻き込む力を養うことにつながる。

　以上の３つは、ホスピタルアートが無機質な空間に癒しを与えるといった物理的側面だけではない意義である。病院という専門性の高い組織だからこそ、アーティストや学生などの異なる領域の人が入ることで促進される新しいコミュニケーション、気づきがあり、これこそが医療とアート双

方にとってのホスピタルアートがもたらす効果だと考える。しかし、多様な人々が関わるプロセスを作ることは、活動に携わる全ての人にとって時に大きな負担であり、結果としての物理的空間の変化に満足が生まれなければ、プロセス重視の活動へのモチベーションは低くなることも事実である。

　大都市には、こうした活動を牽引する主要な民間非営利組織があり、総合大学がある地域では、大学病院を舞台にノウハウが蓄積されているが、そうではない地域でホスピタルアートが広がるには課題は多い。HAPSの活動は、病院がその将来を見据えて、ホスピタルアートに可能性を見出し、学生の想いや医療とアートが融合することに賛同する複数の企業や個人の支援によって成り立っているが、この経験を蓄積、広げていくには、病院とアート、それを取り巻く社会の意識に働きかけていく活動主体を生む仕組みが必要である。今後は、HAPSの活動を病院、支援者、大学だけの関係にとどまらないものにし、浜松市内や静岡県内で新たな活動主体を生むような取り組みに変化させていくことも必要だろう。

注
1　静岡放送・静岡新聞社が設立した財団法人駿府博物館が公益認定を受け、同法人名になった。
2　病院で活動するために専門的に育成された犬。犬を扱う訓練を受けた臨床経験のある看護師（ハンドラーと呼ぶ）と一緒に暮らし、病院専属で入院患者の治療や療養生活に関わる。
3　HAPSの活動詳細はHP（https://hapsuac.wixsite.com/haps）を参照。
4　助成金申請の正式名称は「ブリリアント・スマイル・プロジェクト」。

4.3 創刊 100 年余の歴史を有する点字新聞
全盲記者がまちを歩き、現地取材に励む

松本 茂章

「点字毎日」デスクと出会う

点字新聞は真っ白な紙に「凸凹」の点字が印刷されている。視覚障害の読者は指先で凸の点を触り、ページの左上から右に1行ずつ読んでいく。新聞を二つ折りにする際は、機械でプレスすると点字の突起がつぶれてしまうので、手で折り込む。こんなに丁寧な作業で点字新聞が作られているとは思わなかった。郵送され、全国の視覚障害者に届けられる。点字新聞としては現在、全国唯一のものである。

2023年7月24日、毎日新聞大阪本社（大阪市北区）の地下にある「点字毎日」専用の印刷室で制作工程を見学する機会を得たとき、実に驚いた。1か月前まで点字に詳しくなかった自分を反省した。

「点字毎日」編集次長の横田美晴（1974年生まれ）と面識を得て興味を抱くようになったきっかけは、筆者が主宰するアカデミックスペース「本のある工場」（大阪市此花区）で日本アートマネジメント学会主催の講演会「共生社会とアートマネジメント」が同年6月11日に開かれたからだ。視聴覚障害者を対象に取り組まれている演劇鑑賞サポートの活動報告が行われた。この際に横田が取材にやって来たのだった。

「点字毎日」が2022年に創刊100年を迎えたことを知った筆者は、23年7～8月に計3回、毎日新聞大阪本社16階にある同紙の編集部を訪問。記者らに会い、聞き取り調査を重ねた。先述したように印刷工程も見学させてもらい、輪転機が回る光景を目にした。

多くの人に実情を知ってもらいたいと願った筆者は2024年1月23日、「本のある工場」で開いた「文化と地域デザイン講座」（文化と地域デザイ

◆創刊号(1922年)を持つ編集次長、横田美晴さん(2023年7月21日筆者撮影)

◆毎日新聞大阪本社内の点字ブロックの上を歩く全盲記者、佐木理人さん(2023年8月22日筆者撮影)

ン研究所主催。兼・文化と地域デザイン学会例会)に横田をゲストとして招き、「点字新聞のつくり方—取材・編集・読者—」と題して講演してもらった。会場には自治体職員や公立文化施設職員、大学教員、大学院生・学部生らが詰め掛けて聞き入り、実物の点字新聞に触った。

編集部の体制

「点字毎日」の点字版は、毎週火曜日付で発行されている。2025年1月28日号で5226号に達した。A4判で60ページ。購読料は年2万円(非課税、送料無料)である。内容が同じ活字版は毎週木曜日付で、タブロイド判12ページ、年1万3094円(送料込み)である。つまり印刷作業は週に2回ある。

どのような陣容で制作されているのだろうか。2025年1月現在、毎日新聞大阪本社の編集部には、編集長の濱井良文(1971年生まれ)、デスクを務める編集次長の横田、全盲記者の佐木理人(73年生まれ)、10年余の記者経験を有する澤田健(89年生まれ)、2024年に採用された全盲記者の山岸蒼太(93年生まれ)、さらに見出しなどを付けるレイアウト担当の編集者1人、営業と編集を兼ねる記者1人が勤務する。東京本社にも専従の記者が1人おり、計8人が取材・編集作業に当たっている。

このほか、後述するように点字の表記が正しいかどうかをチェックする

◆点字毎日編集部に伝わる古い点字タイプライター
　点字毎日編集部にて（2023年7月21日筆者撮影）

◆原稿作成作業に追われる点字毎日編集部
　中央は濱井良文編集長（同日筆者撮影）

「触読」業務のため、複数の視覚障害者が嘱託の形で雇用されている。

　強調しておきたいのは「点字毎日」が独自の取材を行い、紙面を制作している点である。毎日新聞の紙面を翻訳し、掲載している訳ではない。むしろ逆で、「点字毎日」の記者が書いた独自記事が後日、毎日新聞の本紙に転載される。視覚障害者の方が一般読者よりも早く読めるのだ。

　たとえば2023年7月21日付の毎日新聞大阪本社版の夕刊・社会面では、準トップ記事として「触って色がわかる靴下」と題したニュースが報じられた。靴下の外側に色を示す点字と浮き出たアルファベットが付けられており、黒なら「BLK」（ブラック）とする。名古屋市のメーカーが21年から開発を行い、視覚障害者との論議やアンケートを経て23年に発売した。横田は「専門の記者がいるからこそ拾える情報がある。デスクの私は、編集局の社会部やデジタルニュース部門に『こんな原稿がある』と積極的にアピールする」と語った。

　「点字毎日」の編集部には3種類の記者がいる。1つには、毎日新聞社に採用されて「点字毎日」に配属され、ずっと専門記者として勤務する。編集長の濱井は1994年の入社以来、約30年にわたって「点字毎日」一筋である。2011年に入社した記者の澤田もこの類型である。

　2つには、通常の記者業務を経て、管理職として「点字毎日」に赴任して来た編集次長・横田のようなタイプだ。横田は入社後に高松、京都の両支局を経て大阪本社の編集制作センターに異動し、紙面レイアウトを担当

した。その後、北陸総局を経て大阪本社事業局文化事業部に配属され、国宝展や美術展等に関わった。さらに地域面編集主任、奈良支局遊軍長、高知支局次長を経て、22年4月に初めて「点字毎日」編集部に赴任した。

3つには、全盲記者・佐木のような中途採用である。全盲記者の存在について、横田は「まちを歩くことが記者の原点。全盲でありながら佐木記者は熱心にまちを歩いて取材している」と述べた。

このほかに点字がもとの原稿と一致しているかをチェックする「触読者」がいる。全盲や弱視のスタッフに来てもらっている。レギュラーが2人。臨時も含めると計7〜8人になる。

鉄道の踏切事故

「奈良・全盲女性事故死」「『危険踏切』綱渡り」——。22年7月21日付の毎日新聞大阪本社版の夕刊に、全盲記者・佐木が執筆した原稿が1面トップ記事として大きく掲載された。同年4月25日夕、奈良県大和郡山市の近鉄橿原線の踏切で、治療院を営む全盲の女性（当時50歳）が特急電車（4両）にはねられて死亡した。同事故に注目した佐木が1週間後に現場の踏切周辺を歩いた「点字毎日」ルポ記事に加筆した原稿である。インターネット配信され、1日で1万4000件余の反響が寄せられた。

記事の前文は「『かなり危険な踏切』。最初に感じた印象だった」と書かれた。本文は「踏切は幅4.7メートル、奥行き8.2メートル。電車が南北に走り、1車線原則一方通行の道路が東西に横切る。周辺道路への抜け道

◆点字毎日の全盲記者、佐木理人さん
（2023年8月22日筆者撮影）

となっていて、車はひっきりなしに通る」という文章で始まる。

　佐木の話では、踏切につながる道路に歩道はなく、白線で区切られた路側帯があるだけだった。踏切から2歩ほど手前に引かれた白線上には警告用の黄色い点字ブロックが敷かれていたが、佐木が手を伸ばすと「突起部はすり減り、縦横2枚ずつ並ぶ点字ブロックのうち、右上の1枚ははがれていた」（同記事）。監視カメラの映像では、亡くなった女性は踏切に入った後、白杖を持って進んでいたが、途中で立ち止まり、急に回れ右をして踏切を戻ろうとしていた。女性は自身が踏切に入ったことを認識しておらず、電車の警笛か警報器の音で慌てて、来た道を戻ろうとして事故に遭ったのではないかと推測されている。

　佐木は「私も、踏切を歩いた。踏切手前の上り傾斜は緩やかで、終わる直前は平たんなうえ、足裏の感覚も似ていると感じた。急に鳴り出す警報音は初めかなり大きく、びくっとさせられる。そのうえ電車の警笛を聞けば、相当動転したに違いない」とつづった。

　「二度と同じ事故が起こってほしくない」と願う佐木は計4回、事故現場を訪れた。同じ時間帯に足を運んだ。「事故に遭われた方が歩いたであろうルートを歩き、周囲の音、足の裏の感覚、道路の勾配などを確認した」と言う。長野県（17年）や大分県（22年）の鉄道事故現場にも出向いて取材した。佐木は「2000年に交通バリアフリー法が制定され、道路や駅舎はバリアフリーの整備基準が設けられている。対して踏切は、道路管理者と鉄道管理者の管轄のなかでグレーなゾーン。対策が遅れていた。今回の大和郡山市での事故を受け、国土交通省がガイドラインをつくった」と指摘した。

　佐木は大阪市に生まれ育った。先天性の緑内障から弱視だった。弱視教育を行う小学校に通った。中学1年で視力が急激に落ち、点字を習った。高校は上京し、筑波大付属視覚特別支援学校（文京区）を卒業。神戸市外国語大の第2部英米学科（夜間部）に進学した。大学2年時に全盲となった。同大の大学院修士課程を修了後、専門学校や大学で点字を教える非常

勤講師や、障害者支援センターのカウンセラーを務めた。

後述する「佐木訴訟」の当事者だったとき、裁判の傍聴に訪れた「点字毎日」の記者と知り合った縁で、2005年に「点字毎日」の特別勤務員に採用された。もとの原稿と点字が合致しているかを確認する「触読」業務に従事。08年には毎日新聞社の正社員となり、記者職に就いた。「ルポ・最前線を行く」などを執筆している。19年4月からは論説委員となり、特集やコラム「心の眼」、毎日小学生新聞向けの記事を書いたりする。社説も年に数本、執筆する。これまでに取材に訪れた先は、東日本大震災の被災地など国内の30都府県と米国・英国・中国の海外3か国に達する。

佐木自身が鉄道事故で大けがを負った

佐木が鉄道事故の取材にこだわるのには訳がある。自身が鉄道事故に遭った当事者であるからだ。

1995年10月21日のことだった。大学3年生だった佐木は同日午後9時頃に授業を終え、大阪市天王寺区の実家に戻る途中だった。神戸から大阪市営地下鉄（現・大阪メトロ）御堂筋線に乗り換え、梅田駅から中百舌鳥行き電車の3両目に乗った。通常とは異なる車両だった。天王寺駅で下車。1番線ホームを歩いていて、壁に突き当たった。いつも乗る車両と異なっていたので「階段裏側の壁」と勘違いし、壁伝いに歩いた。そして向こう側の階段に移動しようとして、1番線ホームの東端部から転落。発車直後の車両にはねられた。十数メートル引きずられ、左上腕部や左大腿骨を骨折。頭部を33針縫った。「背中のリュックに入っていた点字タイプライターに守られ、首の骨は折れなかった。一命を取り留めた」（佐木）。治療に時間を要し、大学を休学した。ホーム東端部の5メートルほどは転落防止柵が設けられていなかったことから、佐木は時効の迫った99年4月、大阪市交通局を相手取って民事訴訟を起こした。しかし2001年10月、大阪地裁判決で敗訴した。

佐木の回想。「大阪市交通局の内規では、前方5メートルと後方1メー

トルには柵を付けないとしていた。交通局は不特定多数を輸送する公共交通機関として、柵を付けるとダイヤを保てなくなると主張した」。そして佐木自身の歩き方が問われた。

　佐木によると、大阪高裁に控訴した二審で、弁護団は2つの新事実を提示した。1つには、事故前の1995年8月に障害者団体が市交通局に危険性を指摘し、ホーム端まで「柵を設置するべき」「点字ブロックを敷くべき」といった趣旨の要望書を出していたこと。2つには、総務庁近畿管区行政監察局（現・総務省近畿管区行政評価局）から市交通局に対し、駅ホームの危険性を指摘した通知があったこと。弁護団は、佐木が地下鉄の駅ホームを歩く様子を撮影したビデオを提出。視覚障害者が理想通りに歩けないことに対し、理解を求めた。佐木は「こうした新事実やビデオ映像を通じ、次第に裁判官の対応が変わった」と振り返る。

　2002年11月、裁判官の提案で和解協議が始まった。03年6月、6項目の和解条項が合意されたという。佐木の話によると、内容は、被控訴人（市交通局）が▽視覚障害者にとって安全かつ利用しやすい駅を実現すべく努力する▽御堂筋線天王寺駅1番線ホーム東端部に限り、転落防止柵を設置する▽和解金300万円を支払う──ことなどだった。だから佐木は視覚障害者が命を落とす鉄道事故を何とか防ぎたいと切望する。同時に白杖を突いて歩く全盲の人々がいかに危険な状態で鉄道を利用しているのかを知ってほしいと強く願っている。

「点字毎日」の歴史

　それにしても、毎日新聞社はなぜ点字新聞を発行したのだろうか。話は1世紀前にさかのぼる。1922（大正11）年5月11日、大阪毎日新聞社は「点字大阪毎日」を創刊した。創刊号は800部だった。43年に「点字毎日」と改称。55年には著名なヘレン・ケラーが編集部を視察した。63年に日本文学振興会から菊池寛賞を、68年に朝日新聞社から朝日賞を、2018年には日本記者クラブ賞特別賞を、それぞれ受賞した。

1999 年に当時の天皇、皇后両陛下（現在の上皇さま、上皇后さま）が編集部を視察された。98 年、点字版に加えて活字版の発行を開始。2005 年には音声版（CD 版）の発行を始めた。

　部数は公開されていないが、編集長の濵井は「稼ぐという概念がそもそもない。創刊時から CSR（企業の社会的責任）活動だった。現在まで続く点字新聞としては日本で一番古いだけに重い責務がある」と語った。

　点字とは、どういう文字なのか。1 マスを 6 つの点で構成する。この組み合わせで「あいうえお」などを表現する。生み出したのは、フランスの盲学校で学んでいた全盲の生徒、ルイ・ブライユ（1809〜52 年）だった。仏語に対応し、6 つの点を組み合わせた。彼が 16 歳だった 1825 年に基本形が完成したとされる。すなわち、2025 年が「点字誕生 200 年」に当たる。

　濵井によると、日本に点字が導入されたのは明治維新以降だ。楽善会訓盲唖院（筑波大付属視覚特別支援学校の前身）の教師が、ローマ字で最初の点字を書いた。楽善会は慈善団体で、設立した 6 人のうちの 1 人、岸田吟香（1833〜1905 年）が、毎日新聞社の前身である東京日日新聞の編集責任者（初代の主筆）だった。同新聞は訓盲唖院の設立趣旨や募金活動などを紙面で紹介。視覚障害者教育の必要性を訴えた。

　1890（明治 23）年には、アルファベットから日本語に対応させる基本形が定まった。そして 1922 年に大阪毎日新聞社から「点字大阪毎日」が発行されて現在に至る。同社が大阪・堂島に建てた新社屋の完成記念事業の一環として、点字新聞が創刊されたのだ。濵井は「社内では採算を危ぶむ声が大半だったが、当時の本山彦一社長が『それはいい案だ。損得など問題ではない』と即断した」と語った。

　同時期に週刊誌「サンデー毎日」、英字新聞「The Osaka Mainichi」の発行も始まった。当時はラジオ放送が始まっていない時代。濵井は「『点字毎日』が記録してきたのは、視覚障害者による社会参加の実践と挑戦、権利拡大を求めた闘いだった」と話した。

点字新聞と文化芸術

　文化政策やアートマネジメントの研究に励む筆者が、点字新聞に興味を抱いた理由の1つは文化芸術との関係がある。2022年の春以降に発行された1年分の「点字毎日」活字版に目を通したところ、「文化ニュースが案外と多いぞ」と気付いたからだ。

　生活保障や人権問題、鉄道事故防止、交通安全などの記事が目立つ一方で、博物館や美術館を記者が訪問し、視覚障害者が「触れることのできる芸術作品」などを取り上げていた。また映画情報欄が定期的に掲載されていた。俳句や短歌の投稿欄もあった。一般の新聞と変わらないと思った。

　濱井は「間違いなく言えるのは、ここ20年で映画ニュースが増えた。音声ガイド付きの映画が増えるなど、視覚障害者が映画を鑑賞できる環境になってきた。さらに、映画を鑑賞したい気持ちが高まった流れから、演劇の舞台にも関心が広がってきた」と解説する。そして「携帯電話を持ったことで視覚障害者が外出しやすくなった。以前は公衆電話を探すだけでも一苦労だった。携帯電話があれば、道に迷っても連絡して迎えに来てもらえる」と語った。年金などの生活保障や行政による外出支援サービスが次第に整備されてきたことも、遠因の1つであるようだ。

　記者の澤田は、文化的なイベントなどを紹介する「情報フォーラム」を長年担当してきた。「入社した約10年前、イベント紹介欄は2ページにとどまり、6～7本を取り上げていた。ところが現在は同欄を3ページに増やし、20本ほどを紹介する。読者のニーズがある」と話した。さらに「音声ガイド付きの映画が増えたので、情報フォーラム欄とは別に、2017年から毎月1回、映画紹介欄2ページ分を独立させた」と述べた。

　スポーツ文化についても「点字毎日」は毎春、点字版「プロ野球選手名鑑」（2冊1セット5000円）を発行する。公式戦の全日程を掲載、セ・パ両リーグの選手を紹介する。2023年からはCDデータも売り出した。

　文化政策のありようを考えるとき、障害者と文化芸術の関係を抜きには

語れなくなっている。2018年に障害者文化芸術活動推進法が、22年に障害者情報アクセシビリティー・コミュニケーション施策推進法が施行された。そして24年4月には改正障害者差別解消法が施行された。共生社会の実現を求める施策の遂行は行政職員にとっても喫緊の課題なのである。

点字文化の将来

とはいえ、点字を読むことのできる視覚障害者の数は減っている。濱井によると、盲学校の在籍者数のピークは1961（昭和36）年の1万235人だった。当時の盲学校には小学部から高等部、中途失明の年配者が学ぶ専攻科まであり、点字を学んでいた。その世代が高齢化し、現在は70代に達している。当時は幼い頃に衛生や栄養の問題で視力を失うケースがあったそうだが、医療が進歩した現在では「新たな視覚障害者は、高齢になって病気で視力を落とす人がほとんど」だという。

点字の読解は指で触り、相当のスピードで読んでいくので、年配になって視覚に障害を持った人が点字を覚えるのは難しくなる。さらにパソコンやスマートフォン、音声などの活用が進んだことで、点字の位置づけは相対的に低下している。濱井は「中途失明者で点字を習得しようとする方が少なくなっている。結果として、この先、点字を盛んに使っていた世代がいなくなってしまう」と懸念した。

それでも点字は生活に欠かせないものだ。契約書など紙の形が求められる場面もある。鉄道駅にある階段の手すりには、点字で「○番線」や「行き先」が表示されている。音声だけでは伝わりにくいからだ。点字（活字）や音声を含む、多様な伝達手段が共生社会づくりには欠かせない。編集次長の横田は「点字は文字であり、点字を使うことは文化だ。読めなくなったら文化の継承ができなくなる。パソコンなどの音声機能がどれだけ発達したとしても、手元に紙として残せる点字をどうしても継続させたい」と決意を語った。（本節は、時事通信社の行政専門誌『地方行政』の2024年3月14日号の連載原稿をもとに加筆修正した）

4.4 隣保館からコミュニティセンター、そして岡崎いきいき市民活動センターへ

新川 達郎

京都市いきいき市民活動センターとは

　京都市が設置する京都市いきいき市民活動センターは、2011年に13か所で開設された市民利用施設である。市民公益活動の場として、また幅広く市民が自由にサークル活動などに活用ができる、文字通り市民が「いきいき」と活動することを目指した施設である。もちろん情報発信や地域活動を活発にする事業活動なども行われて、指定管理者制度を導入して運営されている。基本的には会議室や集会室のようなスペースが用意されているが、音楽や芸術作品の制作などができる施設もある。その設置趣旨から営利目的の利用はできない。本節で取り上げる京都市岡崎いきいき市民活動センターも、京都市左京区にあるそうした施設の1つである。

　これまでの説明では、市民が自由に利用できる貸室施設のように見えるかもしれない。しかしながら京都市いきいき市民活動センターには、ここに至るまでの長い歴史と背景がある。これらの施設は、実は、京都市によって1936年に同和対策のための隣保事業施設として設置された経緯がある。同和地区の地域住民の生活環境改善や学習のための施設、隣保館として設けられたのである。京都市の同和対策は国に先駆けて始まっており、国の「同和対策事業特別措置法」ができたのは1969年になってである。当初は同和対策事業とされ、後に法改正によって「地域改善対策特別措置法（1982年制定、地対法）」による地域改善対策事業とされた。これによって対象地域のインフラ整備、福祉施設（隣保館）設置、公営住宅の整備などが進められた。こうした国の同和対策は、1987年に施行された「地域改善対策に係る国の財政上の特別措置に関する法律」に引き継が

れ、2002年までの改正延長を経たが、その後は改正延長されず2002年に失効し、国の同和対策は終結することになった。

　2002年で国の対策は終結したが、地方自治体では同和対策がいまだ必要だとして、事業を継続したところがあった。とりわけ西日本を中心にそうした地域が多くみられ、京都市もその自治体の1つであった。京都市では、他の同和対策事業（地域改善対策）とともに隣保館の機能を維持し発展させることとして、これを「コミュニティセンター」として再編することにした。コミュニティセンターでは、隣保館機能に加えて、市民の交流やコミュニティ振興を目指した。その運営については、地域主導が望ましいとされ、地元住民等で組織されたNPO法人などがその運営を受託することになった。こうした同和対策の継承については、批判も含めて様々な意見があり、京都市では、2008〜2009年に「京都市同和行政終結後の行政の在り方総点検委員会」を設けて、見直しをすることになった。筆者はその委員長を務めていたが、委員会の報告書は、基本的には同和対策から一般市民サービスへの転換を求めるものとなったのである。

　コミュニティセンターも従来の隣保館事業の縮小から、幅広く市民に利用される方向への転換が求められるようになっていた。2011年からは、京都市いきいき市民活動センターとして、13館が移行することになった。運営については、市民や民間のノウハウを生かし、市民や民間の主体的な活動が実現できる手法として、指定管理者制度による運営とされたのである。

NPO法人「音の風」による運営へ

　2011年、同センターの指定管理者となったのは、特定非営利活動法人「音の風」である。2003年に設立されたこの法人は、「地域に暮らす人々とともに音楽を分かち合うための実践家の育成と派遣を行い、音楽を通して心の交流の機会を創出することによって社会福祉へ貢献するとともに、社会貢献活動の推進に尽力できる環境を創り出すことを目的」としている。いつでもだれでもが音楽に触れ、楽器に触れることができる地域づくりを

目指し、それを支える音楽ボランティを育成してきたが、その活動のための場あるいは拠点の必要性を感じていたところに、この指定管理者の公募があったという。施設の目的である市民公益活動やボランティア活動、サークル活動の場の運営は、法人の目的にも合致していたともされている。

「音の風」は、音楽を中心に活動しているが、主な事業としては、1つは音楽ボランティア派遣で、現地に赴き楽器の手配やプログラム作り、そして参加者とともに音楽を演奏するなど音楽の楽しみを一緒につくる支援をする活動である。2つにはアーティスト派遣で、専門性を持った音の風会員がコンサートやレッスン、あるいは音楽療法などを行う。3つにはミュージックサロンの開催で、様々な音楽分野のコースを設けて受講してもらい、毎年数回は福祉施設や地域のお祭りなどで発表会を開催している。4つにはスマイルミュージックフェスティバルであり、地域で障害の有無にかかわらず音楽を楽しむノーマライゼーションを実践した集いを2006年から毎年実施している。そして5つには指定管理者としての本施設の運営がある。このように「音の風」は、芸術や音楽文化活動を主にしながら、音楽から広がる福祉や教育を通じて、地域の交流を広げ、地域住民の活動を触発して、地域づくりに貢献しているといえよう。

芸術文化にかかわる市民活動を中心とした地域づくりへ

京都市の岡崎地区は美術館やシアター、ホールなどが集まる文化ゾーンである。岡崎いきいき市民活動センターでは、指定管理者「音の風」のミッションもあって、「表現×市民」というテーマを立てて運営している。会議室が2つ、和室が1つの小さなセンターであるが、卓球・音楽練習・演劇・ダンス・会議など、様々な市民活動が集まっている。貸室だけではなく、中庭を使ったり、近隣の施設に出かけて音楽イベントを開催したりするなど、活発な活動を展開してる。

今回の取材では、長くこのセンターに勤めている齋藤真人と曽和泉に話をきくことができた。筆者の不明を恥じるばかりであるが、齋藤とは何年

◆齋藤真人氏の作品。岡崎いきいき市民活動センター（左）筆者、（右）齋藤真人氏
（写真提供：岡崎いきいき市民活動センター）

もの間、お付き合いしてきたところ、齋藤が画家であり個展などを毎年開いておられるアーティストであることが、インタビューを通じて初めてわかった。展覧会を覗いてみると、遠いおぼろげな記憶を抽象画に表現している印象的な作品などがあった。また、このセンターのパンフレットや建物に描かれた作品は、齋藤の作品で、センターの活動を楽しく表現するものばかりであった（写真参照）。

　同センターの主な活動について、齋藤と曽和の話からいくつかピックアップしてお伝えしたい。第1には音楽や文化の大型イベントである。まず紹介すべきは「岡崎わいわい文化祭」である。もともとは岡崎コミュニティセンターという地域の交流、集会施設であり、地域づくりの拠点であった時代からのイベントでもある。2010年度まで長く岡崎コミュニティセンターの運営を担ってきていた地元の特定非営利活動法人「おもいやりネットワーク岡崎」が、解散を前に開催した。岡崎自治連合会など地元がかかわったNPO法人の活動の最後を飾るイベントで、音楽をはじめ様々な活動の発表があり、大いに盛り上がったという。その活動を望む声が大きく、新たな指定管理者になっても、継続して開催することになった。センターを利用している音楽のグループやサークルの人々、コーラスのグループやフラダンス、お琴や民謡の同好会、地元の高齢者施設のグループ、小学校のPTAコーラス、中学校の吹奏楽部、児童館のダンスグループ、高等学校のダンス部などが毎年積極的に参加している。主催は岡崎自治連合会とセンターであり、近くにある国際交流会館のホールで実施されているが、同時に、10年以上継続してきたことで、地元のイベントとして定着

し、地域の担い手によって自主的に運営できる体制もできてきたという。

　そのほかにも、10回以上になる「岡崎ワールドミュージックフェスタ」は、NPO法人「音の風」や地元事業者団体なども入る「食と音楽のまち岡崎実行委員会」により開催されており、世界の音楽と岡崎の食を楽しみ様々な文化に触れる機会となっていて、毎年1000人を超える来客があるという。また、「リブリブライブ」はセンターの地域交流・連携事業として、市民参加のコーラスグループを募集して、練習を重ねて、ホール（ロームシアターなど）での発表会をする恒例の活動になっている。

　第2に、センター施設を使ったサークル活動も活発である。オカリナサークルはたくさんあってそれぞれに活発に活動しているし、ギターサークルもクラッシックからフォークまで様々、ピアノ、リコーダーやウクレレのサークルもある。コーラスや歌のサークルは多彩で、大人から子どもまで、クラッシックからポップス、カンツォーネ、カラオケもある。都々逸、吟詠、剣舞や狂言など伝統芸能に近いものもある。絵画サークルも、パステル、デッサン、人物画、水墨、絵手紙などこちらも多彩である。体を動かす系では、ストレッチ、ヨガ、卓球、音楽体操などの教室やサークルも盛んである。毎年2月頃には、これらサークル間の大交流会として「岡崎いきセンサークル見本市」が開かれ、だれでも自由に出入りしてそれぞれの活動を発表しあい、仲間を増やす活動を進めている。これらの活動に必要なまた呼びかけのためのちょっとした技術を学ぶ機会もあり、不定期ではあるが手作りポスター講座、撮影講座、人間関係がよくなるコミュニケーションのコツ講座なども実施されている。

　第3に、音楽と福祉にかかわる分野は、センターの活動として、また指定管理者の「音の風」のミッションとして重要とされている。不定期ではあるが、誰でもが心を開くことができる「ドラムサークル」のファシリテーター養成講座の開催（こちらは曽和が力を入れていた）、手話ロックバンド Bright Eyes Super-Duper の公演（ロームシアター）、全盲で車いすのブルースハープ奏者山下純一の Live & Talk（国際交流会館）、「障害

のある人の表現活動について考える会」座談会の開催などが行われてきている。また、障害の有無を超えて写真表現をしようという「だれでもカメラ部」も興味深い。

　第4に、芸術作品の制作や展示その裏話などもある。「ふらっとアトリエ」と題して、芸術系の学生や若手のアーティストのためのアトリエとして、センター施設を貸し出し、その間の作品の保管庫も提供している。丁度、京都市立芸術大学のキャンパス移転で、制作室が不足していた学生に好評だった。また異なる大学の学生が集まり、共同制作にあたることで、新しい刺激があり励みにもなっている。作品については、センターでの展示や、近隣のギャラリーでの展示などの機会もある。地域施設の特性上、週日の夜間はあまり利用がないところをアトリエとして活用してもらっていると齋藤は言う。

　第5に、岡崎のまちあるきをして、マップ作りをすることも、センターの大切な事業の1つになっている。芸術鑑賞の1つではあるが、センターから外に出て美術鑑賞をしようという「ギャラリー巡りツアー」を2023年から実施している。作家と一緒に、岡崎周辺のギャラリーを取材して、ギャラリーマップを作成している。齋藤は、これからさらに広げていきたいともいう。前述の「だれでもカメラ部」もまちの写真撮影である。また、「左京区パンマップ作り」イベントでは、参加者が自分自身のおすすめパンを持ち寄り、左京区パンマップ2024を完成させている。曽和が留学生寮（みずき寮）と連携協力して実現されたという。

　これらの活動を支えるセンターの施設についても、継続的な取り組みがあった。NPO法人「音の風」が指定管理者に選定された時期、2011年から12年にかけて、当時の京都造形芸術大学曽和研究室との協働で、建築・ランドスケープの問題抽出と改善プロポーザルが作成された。これらに基づいて、植栽や庭園の整備がすすめられた。これに合わせて、敷地を使ったアート・イベントなども実施されている。岡崎ガーデン倶楽部の活躍などにより、明るい外観が生まれ、音の庭やちびっこ広場の整備、分館前の

和風庭園ができるなど、施設の景観が大きく改善されてきた。通路沿いの柵にはイチゴの鉢がかけられていて、「自由にお取りください」と看板が掛けられている。今年も街の真ん中でイチゴが取れるということで、新聞にも大きく取り上げられた。

レコードを聴く会

　岡崎いきいき市民活動センターの特徴的な事業活動として、2013年に始まったのが「レコード楽譜図書館」である。世の中から廃れつつあったレコードを残そうと市民に呼び掛けたところ、100人以上の市民から合計1万枚以上のレコードが集まった。このレコードを演奏するための機器の寄付やその維持管理のボランティアも整い、最初はレコード店の店主にお願いして鑑賞会を開き、その後は寄付をいただいた方などから企画が集まり、レコードコンサート「レコードを聴く会」が始まった。以来、毎月1回を基本に、この10年間活動を続けている。この活動を長く担当してこられたのが、前出の齋藤である。齋藤自身はCDで育った世代であり、レコード盤への強い思いを持った方が多いことに驚かれたそうである。

　一口にレコードといっても円盤型のものは19世紀末からあった。時代が進むとともにSP、EP、LPができ、回転数も78、45、33.1/3と異なり、大きさも7インチ、10インチ、12インチ、16インチなどと多くの種類が登場した。当初はモノラルで始まり、1950年代後半からはステレオ盤が増え、後にはステレオだけになっていった。レコード盤の材質も、シェラックや、ビニール・プラスチックなど、その厚さや重さも様々である。再生装置も、機械式の蓄音機から電気式のピックアップまで、レコードの種類に応じて様々である。特に、EPやLPの規格や電気特性が統一されるまでは、レコード会社などがそれぞれに独自のものを売り出していたこともあり、様々なタイプのものが併存していた時期があった。

　「レコードを聴く会」には、こうしたレコードの歴史のなかで、いずれかに親しく触れた経験がある方がいらっしゃっており、基本的には高齢

者の方が多い。「レコードを聴く会」では、なつかしい音を聞いたといっ
た感想をいただくことが多い。会場の広さもあって40名くらいが最大収
容人数であり、予約制をとってはいるものの、毎回多くの方でにぎわって
いる。齋藤によれば、大変興味深いことに若者も関心を持つ例があり、大
学生が参加しているという。彼ら彼女らはレコードを知らない世代である
し、まして回転数や大きさの違いも知らないCDで育ち、ネット配信で音
楽を楽しんでいるはずである。そうした若者にとって、新鮮に映るところ
にも、レコード盤やその音楽の魅力があるのかもしれないという。

　2024年の「レコードを聴く会」の予定は既に決まっていて、順次、そ
れぞれの企画が進んでいる。基本は毎月第4土曜日の午後にあり、14時
から15時半までがほぼ定例化している。企画の希望が増えており、時に
は月2回になることもある。年間スケジュールをご紹介すると、本年4月
は「どうして『戦メリ』をかけないの？」、5月「アメリカンモダンフォー
クのPP&Mの曲または動画を楽しもう！」、6月「『和洋ジャズ曲』蓄音
機コンサート音と映像の一体形」、7月「GSグループサウンズを聴こう」、
8月「昭和の"演歌・歌謡曲"美空ひばり〜八代亜紀」、9月21日「いし
いしんじ☆スペシャル」、同じく9月28日「心の情緒に訴える音楽、ジャ
ズでおくる演歌、歌謡曲の世界」、10月「50年代60年代のカンツオー
ネ」、11月「名（迷）曲？珍曲？―カバーソング集」、12月「ジャズボー
カル」、1月「＃オシゲのビートルズを聞いて歌お！」、2月「アメリカの
ルーツを聴こう　Vol.10」、3月8日「春のレコ祭り！」、3月22日「ヘ
ヴィメタルマックス」である。「春のレコ祭り！」は企画をした人同士が
普段互いに聞く機会が少ないことから、それぞれに10分の短い持ち時間
でレコードを持ち寄りかける交流会である。なお、筆者も毎年12月に
ジャズボーカルの特集を続けている。2023年12月は、トニー・ベネット
の逝去の年であったことからその特集をしたところ、たくさんの方々にお
いでいただき、思い出話で盛り上がった。

　レコードの持つ価値は、単に音が出るということを超えて、その機械音

やスクラッチノイズ、ジャケットやレーベルのデザイン、LP であればその選曲とアルバムづくりなどなど総合芸術的なところがある。何よりも自分の財産としての貴重な音源であり、大切に繰り返し聞くことが当たり前の時代の音楽であり、今日的な消費財としての音楽とは異なる文化があったかもしれない。聞きに来る方たちには、若い頃に聞いた音楽を思い起こしている人たちも、タイムスリップをしている感覚もありそうだと齋藤はいう。コロナ禍でも席数を少なくしたり、シールドを立てたりして、続けることができたのも、こうした方々のおかげかもしれない。

　「レコードを聴く会」は、ただ単にレコードを聞くだけ、かけるだけから、少しずつ変化と広がりがでてきた。近隣の高齢者施設（東山老人福祉センター）に音響機器とレコードを持って出かけてコンサートをする、またロームシアターの中庭でレコードコンサートを実施するなど新たな試みも始まっている。定例の会でも、音だけではなく、視覚にも訴えるべくモニターに動画を映して活用する方が出てきた。レコードに合わせて、時間をかけて動画を編集している。また、ギターをもってレコードと一緒に歌う方が出てきている。オカリナとウクレレによるレコードとの共演も試みられている。さらには、センターの外に出て、独自に「レコードを聴く会」を始める方も出てきている。聴衆も、ただ単に聞くだけではなく、センターに保存されているレコードからみんなで選んでかける会をといった企画案もある。前述のように企画者同士の交流の機会をセンターが仕掛けて作ることもある。ともあれレコードを通じて、地域に新しい音楽文化が生まれてきているようにすら思える。

地域に根差した施設から、文化芸術活動と地域づくりが広がる

　京都市岡崎いきいき市民活動センターの活動は、地域コミュニティの歴史を引き継ぎつつ、その場に音楽文化を花開かせることによって、地域の市民のよりどころを広げ、新しい関係づくりを生み出し、年齢階層や障害の有無に関係なく市民が集うことができる、そうした良い関係性を築いてき

ている。そのことはたとえば、NPO法人「音の風」が地域で募集を始めた
ポップスコーラスグループが、「岡崎わいわい文化祭」に出演するなど成長
していき、やがて2つのグループができてさらに活動の幅を広げ、さらには
地元施設等での演奏を依頼されるようになりそれをまたグループメンバー
が楽しみにしているといった姿に、端的に示されているように思われる。

　「レコードを聴く会」もそうであるが、音楽を通じての活動が、その人
の音楽世界にだけとどまるのではなく、多くの市民との共感を呼び、さら
に活動が広がったり理解が広がったりしていくのである。その結果、地域
のなかに新たな人々の関係性が生まれ、他者への関心や地域の環境への認
識が深まっていく。そのなかから、それぞれの活動をより高めよう、そし
て地域とともに発展させようという意欲すら見出せるようになっている。
もちろん出発点は単なる趣味のサークル、好事家の集まりかもしれない
が、センターでの活動やそこでの交流を通じて、これらの活動は地域にお
ける市民的な広がりを獲得している。

　もちろん、音楽活動だけで、どこまで広がりを達成できるかは必ずしも
定かではない。しかしながら、センターでは、ダンスや演劇などの身体表
現や、絵画などの美術作品への関心も広げつつある、しかもそれらは教室
やアトリエに閉じこもるのではなく、岡崎いきいき市民活動センターと
それが所在する岡崎という開かれた場での展開が、目指されようとしてい
る。文化祭などの大規模イベントのみならず、福祉施設や学校園、また美
術館やコンサートホール、シアター、ギャラリー、公園など多様な地域の
空間が芸術表現の場となろうとしている。

　このように市民活動の拠点施設が市民的公共性を広げ普及させていくこ
とができるには、活動の支援や施設整備だけではなく、その市民活動を発
展させる交流や共感の機会や環境条件が求められる。音楽文化や芸術活動
を起点とした地域づくりを目指してきた京都市岡崎いきいき市民活動セン
ターは、岡崎という地域に根差すことによってその条件を獲得しつつある
ということができるかもしれない。

第 5 章
地元の産業と文化芸術の関わり

◆農村に息づく祇園祭りの山車
丹波篠山市にて
(写真提供：兵庫県丹波篠山市企画総務部、2019 年 8 月撮影)

<table>
<tr><td>**5.1**</td><td>**農業特産品づくりとシビックプライド**
兵庫県丹波篠山市の黒大豆栽培を事例に</td></tr>
</table>

竹見 聖司

出発点は日々の暮らし

　丹波篠山の農家の朝は早い。特産黒大豆の栽培は、猛暑を避ける意味でも朝方の作業が合理的である。畑で作業をしていると散歩している人から「おはよう。朝早よから精出るなあ」と声を掛けられ、「歳とったら早よ目が覚めて」と返す。こんな会話もまた一日の元気の源である。

　近年、農村の価値が再発見され、都会に近い田舎（トカイナカ）と注目を集める丹波篠山であるが、かつては田舎の代名詞のように言われたこともある。地元の役所に勤めながら親任せにしていた農業だが50代に入る2018年頃から出勤前の日の出とともに黒豆畑に向かうようになった。

　役所では主に地域づくりの分野に関わってきた。市町村合併をきっかけに「自治」について深く考えるようになり、創造都市・創造農村をはじめとする文化芸術からまちづくりのアプローチを試みた。さらに、「丹波篠山」の呼称と産地表示問題から、類を見ない市名変更にも関わった。

　本節では、公私合わせて様々な実体験を重ねてきた筆者の視点で、特産づくりを通じた地方都市のシビックプライドとは何なのか、ウェルビーング（Well-being）とどんな関係があるのかについて紐解いてみたい。

農業特産品と地域ブランド

　農業特産品がブランド化されている例はたくさんある。なると金時、宇治茶、夕張メロンなどは多くの人が知っている特産品だろう。特産品とは、ある特定の地域で産出されたもので、経済産業省や農林水産省から特産品開発や販売支援にかかる支援施策が数多く打ち出されており、地域経

済の活性化や観光開発につながると認識されるようになった。

　岡﨑昌之は、地域産品のブランドとしての価値を高め、地域で根付き地域づくりの一翼を担い定着していくブランドについて、①中核となるイメージの形成と情報発信力の強化による地域産品の地域ブランド化、②地域の文化的、歴史的特性とともに、産品を地域統一ブランド品として内外にアピールしイメージアップと販売拡大に繋げる地域産品を包括する地域ブランド化、③そこに住む人々が自らの生活に磨きをかけ、美しいまちを形成する地域のブランド化「まちブランド」の三層があると指摘している[1]。

丹波篠山って

　近世の丹波篠山は、大坂の陣を控えた 1609 年に徳川家康の命により天下普請で築城された篠山城とその城下町の町割りが礎になっている。その町並みは 400 年以上の時を隔てた現在でも、概ね 400 メートル四方の外堀に囲まれた城跡、その周囲に配置された武家屋敷の新町、旧山陰街道を城下に引き込んだ町人町で形成されている。そして、城下町の周囲に農村集落が点在し、さらに丹波高地の山々が囲む形で篠山盆地を成している。

　藩窯、能楽などの武家文化に加え、京文化の影響を受けた黒岡春日神社の秋祭りの雅な山鉾など、歴史的な町並みのなかに人々の暮らしが地域文化として息づいている。また、丹波黒大豆や丹波栗は、江戸時代からの特産である一方で、寒冷地の土地柄から冬場に灘や伏見へ酒造りに出稼ぎする丹波杜氏を輩出した[2]。

　戦後は過疎化が進み、近年は少子高齢化による担い手不足が課題になっている。他方で、京阪神地域からほど近く歴史文化が薫る豊かな農産物の産地として、古民家活用による地域の活性化や芸術家の移住などが話題になり、移住者が移住者を呼び込む好循環が生まれつつある。

丹波篠山にとっての黒豆とは

　おせち料理に欠かせない黒豆の煮豆。格式高く「魔除けの色」とされる

黒色と「まめに暮らせますように」という願いが込められていると伝えられる。最近は、健康志向の高まりもあり、アントシアニンを含む黒豆に人気が集まっている。その黒豆といえば、大粒な丹波の黒大豆が有名で、丹波篠山では江戸時代中期から300年以上にわたり受け継がれてきた。

丹波高地にある丹波篠山は、しばしば水不足に悩まされてきた。「水論」「水喧嘩」という言葉があるように、米作りにとって水は不可欠なもの。そこで、集落の人々は知恵を出し合って、稲作をしない「犠牲田」で米以外の作物を育てるようになり、これが丹波篠山の黒豆栽培の始まりとなった。

ムラぐるみの生産方式を築き上げ、農家同士で種豆の交換などを行ないながら、“世界一の大粒”と言われる黒大豆「丹波黒」[3]を作り上げた。今も人々が暮らす茅葺きの家屋、先人の知恵が詰まった肥料作りの灰小屋[4]、稀少なモリアオガエルやオオサンショウウオが棲むため池など、里山の景観と資源を守り、育んできた暮らしの歴史そのものである[5]。

黒豆から新特産「黒枝豆」へ

黒大豆栽培が飛躍的に伸びるのは、1971年に米の生産調整が本格的に始まり収益性の高い転作作物として注目されるようになってからである[6]。筆者が子どもの頃の田んぼは、地形に沿ったままの未整備田で、水漏れしないよう春先には畔に土寄せをして補強した。そのわずかな面積を惜しむように小豆や大豆、黒豆を植えたので、これら作物を畔豆と呼んでいた。

黒豆の畔豆は、秋になると大きな緑色の莢をつける。ちょうど春日神社の秋祭り時期と重なり、鯖寿司、マツタケのすき焼きなどのご馳走に並んで、酒の肴は黒豆になる前の若さや（黒枝豆）が定番であった。それでも、黒豆の収穫は晩秋でお正月を見据えた年末が本番。黒枝豆は、地元の農家がひっそりと食する知る人ぞ知る秋の味覚であった。

そんな畔豆の黒枝豆が世に知られるきっかけとなったのは、1988年に開催された北摂丹波の祭典（ホロンピア'88）。丹波地域にある多紀郡（現

5.1 農業特産品づくりとシビックプライド

丹波篠山市）を会場とする「食と緑の博覧会」に訪れた来場者に黒枝豆が振舞われ、その美味しさとともに、10月のわずかな期間しか味わえないという希少価値から京阪神地域を中心に瞬く間に広がっていった。

なぜ自分が黒豆作りを？

　筆者が初めて黒豆を育てたのは、2001年のこと。平成の大合併で誕生して間もない篠山市役所の若手・中堅職員が旧4町役場の枠を超えて、職員提案を通じて新市を知り、チームワークを養う「すてっぷあっぷ篠山」の活動の一環であった。農家に育っても、恥ずかしながら年間を通して農作業の経験は少ない。また、田舎の市役所職員といっても、非農家や阪神間から通勤する職員が増えていた。提案する前に、まずは自分たちで特産の黒大豆栽培にチャレンジして、その喜びも苦労も体験してみようというものであった。

　窓口業務のサービス向上、"住みたいまちささやま"づくり、アンテナショップの3テーマに分かれて取り組むとともに、勤務時間外にはメンバー全員が黒豆畑で汗を流した。自発的な活動によって、「親の作業を手伝う」からは生まれないやりがいや面白さが感じられた。また、農家の気持ち、地域の暮らしの成り立ちを理解できる職員へと成長するきっかけとなり、その後の公務員生活の原点になったように思う。

　丹波篠山は、観光交流によるまちの活性化をめざしていて、年間を通して市内外での催しが多い。まちを案内したり、イベント会場で接客したり

◆黒豆の世話をしている筆者
（2024年7月17日筆者撮影）

する機会がたくさんある。こうした場面で、都会の消費者に背伸びをして上品ぶっても、なかなか相手に思いが届かないものである。それが普段どおりの"丹波篠山弁"で語りかけ、素直な体験を交えてアピールすることで会話が弾む。来訪者に対しても同様で、変に知識をひけらかしたりするより、普段どおりの姿勢で喜びや苦労話をすることで共感が得られる。

　2016年に全国から集まった市区町村職員の研修にメンターとして参画し、篠山市でフィールドワークを実施したときのこと。メンターとして気負う筆者に対し、参加者から何よりも評価されたのは、「行く先々で、市民の皆さんと顔見知りで親しげに話をし、地域のリーダーから頼られている」という点だった。身の丈に合った姿勢と、実体験という経験値は何事にも代えがたいものである。

　市区町村の職員は、国や都道府県の職員と比べると担当分野の専門性において敵うはずもない。しかし、市区町村は浅くても広く住民一人ひとりの日々の暮らしに一番近いところで仕事をしており、何よりも現場を知っている。総合性と現場を持っている強みがあり、決してこれを忘れてはいけない。

黒豆は苦労豆　体験を通した黒大豆栽培5つの闘い

　黒豆は「くろう（苦労）まめ」とも呼ばれる。米作りの4～5倍の労力が必要で、手作業が多いことや作業時期が集中する。一部の作業では機械化によって随分と楽になったと言われるが、それでも他の作物にはない根気がいる作業の連続である。丹波黒大豆の栽培ごよみでは、大きく5つのポイントがあって、それぞれの段階が闘いである。

　1つ目は、冬季の土作り。堆肥や緑肥を活用してしっかりと耕し土壌改良する。筆者が子どもの頃は、秋に米の籾殻の燻炭を焼いていた。丹波篠山の多くの水田は、過湿・重粘土な湿田で、土は水持ちが良い反面、水はけが非常に悪い。土のなかに空気や肥料を取り込み、根が張りやすい環境をつくるため、溝を掘り、畝を高くすることで、黒大豆栽培を可能にする土作り、畝作りの作業が欠かせない[7]。

2つ目は、播種時期の鳥との闘い。黒大豆を育てる準備ができると、6月には種まきが始まる。種まきの方法には2つあって、畝に等間隔で直接種を播く方法と育苗トレイで苗を育てて移植する方法がある。直播きの場合は、鳩除けをしておかないと種豆を喰われてしまう危険がある。また、移植の場合は苗を1本1本丁寧に植え付ける作業が加わるので大変だ。

　3つ目は、雑草との闘い。発芽した苗が定着し成長する7月、土を掘り起こして雑草を除去し、土壌の通気性や排水性を改善し根の発達を促すため、株元に土を寄せる作業を2回行う[8]。梅雨後半の蒸し暑さ、梅雨明け時期の猛暑のなかでの作業が続く。

　4つ目は、風水との闘い。7月下旬、支柱を立ててマイカ線[9]などを張って倒伏を防止する。8月に入ると、黒大豆は紫色の小さなかわいらしい花をつける。根元に分け入るように行う追肥の際に花芽を見つけると暑さを忘れて心穏やかになれるが、猛暑と水不足に対する走水と呼ばれる畦間灌水や病害虫防除作業は忘れない。

　最後に時間との闘い。黒枝豆の短い収穫適期を守り消費者に旬の時期を知らせようと10月初旬に解禁日を設けている。たわわに実った黒大豆の「木」は、直径が1センチほどになっていて枝切バサミで切り倒す。1本で2キロほどあり、葉っぱを取り鮮度を保ちやすい枝に若さやが付いた状態に仕上げたり、持ち運びしやすい若さやだけを袋詰めする作業をする。1日に大人1人ができる作業はせいぜい30本程度。週末は家族総出で作業する光景がこの時期の風物詩であり、盆や正月のような家族団らんの賑

◆丹波篠山黒枝豆販売解禁イベント
（写真提供：兵庫県丹波篠山市企画総務部
2022年10月撮影）

やかな声が聞こえてくる。

　枝豆の時期が終わると、霧が深くなり気温が下がって葉も黄色くなっていく。11月末は、いよいよ黒大豆の収穫時期である。葉を落とし、収穫、乾燥、脱粒、選別して出荷する。お正月前の12月中旬に出荷できるかどうかが価格面での大きなポイントとなり、夜を徹した選別作業となる。

　こうした自然や時間との闘いに「しんどい」「儲からない」との嘆き節は後を絶たない。それでも、丹波篠山特産の黒大豆は「粒が大きい」「美味しい」「ほんもの」と高い評価を受けている。また、2021年には「丹波篠山の黒大豆栽培〜ムラが支える優良種子と家族農業〜」が日本農業遺産に認定された。特産を育んできた歴史が自信や誇りとなって、どこかしら「楽しい」というにじみ出る思いは、苦労豆、5つの闘いに勝利した証かもしれない。

丹波篠山黒大豆・丹波篠山黒枝豆の危機

　江戸時代中期に刊行された料理本「料理網目調味抄」では「くろ豆は丹州笹山[10]の名物なり」と評され、丹波國篠山藩の名産品として幕府に献上さていた記録がある。また、長年にわたって在来種のなかから優良な種子を選抜育種し、優良系統を丹波黒とした。こうして築き上げてきた丹波篠山産の黒大豆を始め、栗や山の芋、お米のブランドが危機に瀕した。消費者が食品を購入するとき、内容を正しく理解して選択したり、摂取する際の安全性を確保したりする上で重要な情報源の1つとなる産地表示の問題である。

　野菜や果物は、生産された産地を表示することになっており、国産品は都道府県名、輸入品は原産国名が表示される。また、市町村名やその他一般に知られている地名で表示することも認められており、一般に知られている地名としては、国内であれば郡名（秩父郡や夕張郡など）、旧国名（信州や土佐など）、島名（屋久島や淡路島など）などが該当する[11]。

　問題は、「丹波篠山産」と表示できるか否かである。発端は2004年の丹波市誕生に遡る。篠山市の隣に丹波市が誕生して10年以上が経過し、丹

波國の篠山として「丹波篠山」を称していた篠山市と丹波國を由来として名付けられた丹波市が混同され、丹波市と篠山市を合わせた地域が「丹波篠山」と誤認されるようになってきた。市外はもちろん、地元の若い世代にも正しく認識されない状況になりつつあった。

こうして、「丹波篠山」が「一般に知られている地名」とはいい難いと判断され消費者に誤認を与えかねないことから、「兵庫県産」「篠山市産」は良くても「丹波篠山産」は使用できなくなる可能性があるとされたのである。これに対して市内のJAや商工会といった経済団体、生産者を中心に大きな危機感が生まれた。黒大豆をはじめとした美味しい農産物のまちとして知られ、観光地としても脚光を浴びつつあったところに、何よりも生産者や商売をする関係者のシビックプライドを大きく揺るがすことになった。そして、逆転の発想ともいえる市名変更運動が展開されていく。

合併などを契機として自治体の名称が変わることはあるが、単に名称を変更する事例は極めて少なく一大事業である[12]。2017年に本格化したこの動きは、賛否様々な意見が交わされ、翌年11月に市民発議で住民投票が実施されるに至った。投票は、69.79パーセントの投票率で成立し、賛成13,646票、反対10,518票の賛成多数となった。その後、議会の議決を経て令和がスタートする2019年5月1日をもって丹波篠山市に変更された。

これにて産地表示問題が解消されるとともに、市名変更がマスコミで大きく取り上げられ知名度がさらに高まった。5年が経過した2024年5月に市が発表した検証結果では、観光客数の増加や農産物の販売価格の上昇など、当初予測を上回る経済効果が現れているとされている。

黒豆から広がるブランド力とシビックプライド

思いつくままに丹波篠山と黒豆の話をしてきたが、どのように映っただろう。一地方都市の産物に大げさに騒いでいると感じた人がいるかもしれない。一方で、何か意味あるものとして、アプローチいただいている人もいるだろう。そこで、丹波篠山にとって黒豆とはどんな意味をもつのか、

地域にとっての農業特産品とこれを礎とするまちづくりがどのように関係しているのか考えてみたい。

1つに、生産者についてはどうか。黒豆という転作作物、収益性が高い産物があることで、若い新規就農者や兼業農家が存するだけでなく、リタイア後の就農も多い。全国に誇れる黒大豆を栽培し、販売することを生きがいとしながら、歳を重ねても健康に働き続ける生産者がたくさんいる。国勢調査では、80歳を超えてなお職業欄に「農業」と記載する人が少なくなく、健康で主体的な生活によって幸福度アップにもつながっている。

2つに、地域にとってはどうか。丹波篠山産黒大豆というブランド力が美味しい農産物の産地「丹波篠山」、行ってみたい、暮らしてみたい「丹波篠山」と、ブランド力の拡張やシビックプライドに好循環している。最近は、京阪神大都市圏という都会に近い適度な田舎として注目を集め、移住者が増加している。黒大豆栽培を通した日々の暮らしがムラ祭りの伝承や移住者とのコミュニケーションツールに通じている。

3つに、視点を変えて市職員にとってはどうか。以前の役場は、農家の長男の就職先としての意味合いが強かった。しかし、近年は非農家や市外からの通勤も多い。それでも農家戸数は多く、農業を中心にムラの暮らしが形づくられてきた歴史がある。シビックプライドに通じる黒大豆栽培を経験することは、農家の日常を知り体験することであり、市民視点に近づくことを意味する。暮らしの現場に携わる職員として、何よりまちづくりの実践である。

本節の冒頭、出発点は日々の暮らしとし、特産づくりを通じた地方都市のシビックプライドやウェルビーイング（Well-being）にアプローチを試みるとした。その結果、丹波篠山特産の黒大豆栽培は、生産者のみならず地域住民の自信と誇りに寄与するとともに、地域文化に根付いた本質的に価値のある状態を創り出していると考えられる。さらに、地域ブランドとして定着することでニーズや価値観が急激に変わる昨今にあっても、人々や地域社会の心柱の役割を果たしている好事例と言えるのではないだろうか。

「実務と研究」と私

　今回の事例報告の背景には、「実務と研究」というテーマを立てていた。筆者にとって市職員として大学院に通った経験から常に自問自答するテーマであった。研究者には、現場の実践に役立ってこその研究であってほしいと願い、実務者から見れば理論に裏打ちされてこその実践でありたい。

　50代に入って徐々に親の農業を引き継ぎ、市役所では産地表示の課題から市名変更という一大プロジェクトが立ちはだかった頃、自分にとって理論の前にあるべき実践とは何か、地域で起こっている課題にどんな姿勢で臨む必要があるのか、そんな問題認識が呼び返された。

　その答えは未だ見出せていないが、今回の原稿を書くにあたって、改めて振り返ることができたと感謝している。是非とも読者の皆様に批評いただければ、答えを導く一歩が踏み出せるのではないかと思っている。

注
1　岡﨑昌之「地域産品ブランドからまちブランドへ」2011年3月21日全国町村会コラム・解説。
2　2024年12月4日、日本の「伝統的酒造り」がユネスコの無形文化遺産に登録された。丹波杜氏は、南部杜氏（岩手県）、越後杜氏（新潟県）とともに日本三大杜氏の1つ。
3　丹波黒は特定の品種でなく、在来品種の総称で多様な系統が存在する。兵庫県丹波黒振興協議会では優良系統（川北、波部黒、兵系黒3号、兵系黒6号）に統一し、優良種子の生産や栽培技術の向上に努め、毎年優良な丹波黒を供給している。
4　丹波篠山には落葉や枯草などを焼いて灰肥料を作る「灰小屋」が点在している。
5　丹波篠山市「日本農業遺産認定　丹波篠山の黒大豆栽培　300年の歴史」より。
　　https://tambasasayama-kuromame.jp/story/
6　加古敏之・羽田雅代・宇野雄一・中塚雅也「篠山市における丹波黒産地の形成過程と現段階における課題」2008年6月農林業問題研究第170号。
7　溝を掘って水はけを良くする「堀作」という方法が始まり、やがて畝をできるだけ高くして土を乾燥状態にする「乾田高畝栽培技術」が生まれた。
8　「中耕・培土」。追肥とあわせての土寄せ作業で倒伏防止にもなる。
9　幅1センチほどのポリエチレン製の細長い帯で、両端に芯が通っており柔軟でありながら高い強度を持ち、主にビニールハウスを押さえることなどに使用される。
10　江戸時代、「篠山」の表記は「笹山」とされていた記録がある。
11　消費者庁「知っておきたい食品表示」消費者庁令和6年9月版。
12　平成以降で町や村で変更した事例はあったが、市でいうと実に1959（昭和34）年の挙母市（現豊田市）まで遡る。

	作ることは暮らすこと
5.2	石州半紙と原材料「楮」栽培

高島 知佐子

伝統工芸の継承

　日本には多くの伝統工芸が継承されていると言われ、それを支える制度に文化財保護法と伝統的産業の振興に関する法律（以下、伝産法）がある。文化財保護法は 1950 年に制定され、美術工芸品は有形文化財、その工芸技術は無形文化財として保護されている。2024 年 6 月 1 日時点で、31 件（48 名）の工芸技術が無形文化財の指定を受けている。伝産法は伝統工芸を産業として振興することを目的に 1974 年に制定され、2024 年 6 月 1 日時点で 240 件の陶磁器や漆器、染織等の伝統的工芸品が経済産業省によって指定され、47 都道府県全てに伝統的工芸品がある。

　伝統工芸を継承、振興するための制度整備にもかかわらず、多くの伝統工芸は後継者、原材料や道具調達、市場開拓等、多くの課題を抱える。特に原材料調達は、気候変動、環境破壊の影響も受けていると言われ、産地や事業者、職人だけでは解決することができない問題となっている。よく知られた事例として、漆器や文化財修復に使用される漆は日本国内ではほぼ調達ができなく、中国からの輸入に頼っている。漆、漆を採取する漆掻き、漆掻きの道具のどれも不足している。地域の文化・産業としての伝統工芸を継承していくには、原材料問題に取り組んでいくことが必要で、これは農業や林業、漁業など一次産業と環境問題に向き合うことでもある。

手漉き和紙と原材料不足

　原材料を取り巻く課題に取り組む伝統工芸に和紙がある。日本には多くの和紙産地があり、経済産業省の伝統的工芸品に指定される和紙産地は 9

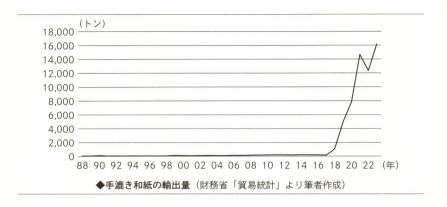

◆手漉き和紙の輸出量（財務省「貿易統計」より筆者作成）

件ある。手漉き和紙の技術が継承されている島根県の石州半紙、埼玉県の細川紙、岐阜県の本美濃和紙は、2014年に「和紙：日本の手漉和紙技術」としてユネスコの無形文化遺産に登録された。現在、手漉き和紙の国内需要は減少傾向と言われるが、2018年頃から海外輸出量が急激に増加しており、特にシンガポールへの輸出が伸びている。ただし、輸出量1kgあたりの輸出額は下がっており、日本の手漉き和紙が安価に海外に流通している可能性もある。

　手漉き和紙は、楮、三椏または雁皮を主原料に、トロロアオイ（根の液）を接着剤に使用し作られる。楮、三椏、雁皮いずれも樹皮を原材料に用いる。楮は繊維が太く長いため強靭で、障子紙や美術用紙に使用されることが多い。三椏は繊維が細く柔らかく印刷に適しており、紙幣に使用されている。雁皮は細い繊維と光沢が特徴で「鳥の子紙」が有名だが、生育が遅く栽培が難しいため、自生しているものを採取するしかなく、流通量は他に比べると少ない。

　これらの原材料は、どの産地でもかつては自生、または容易に栽培することができ、農閑期の副業として多くの農家が和紙づくりに従事していた。しかし、生活スタイルの変化や山林開発等による農地や農業従事者の減少で自生場所は減り、さらには自然環境の変化や気候変動で自生しなくなってきている。農林水産省の資料によると、1975年の楮の全国の栽培

面積は701ヘクタールで収穫量843トンだったが、2015年には栽培面積27ヘクタール、収穫量33トンにまで減っている[1]。三椏も同様の状況で、1975年の全国の栽培面積は2112ヘクタール、収穫量は1614トンだったのが、2013年には栽培面積が25ヘクタール、収穫量42トンに減少した。

楮に関しては、国内における原材料減少に伴い、1975年頃から主にタイ産の安価な楮が輸入されるようになった。当時は国内産の10分の1の価格だったが、不純物が多く手漉き和紙の品質を維持できないといった課題があり、現在では品質改良されたものが機械漉き和紙生産に使用されている。しかし、タイでも日本と同じ問題で楮の収穫量が減っており、近年ではベトナムや中国、パラグアイなどからも輸入しているという。現在、国内に流通している楮の半分は海外産と考えられている[2]。

三椏も生産量が減少している点は楮と同じだが、三椏は日本銀行券・一万円札の原材料のため、独立行政法人国立印刷局に納める「局納みつまた」という特殊需要が存在し、国内生産が意識されてきた。局納みつまたは、島根県、岡山県、高知県、徳島県、愛媛県、山口県で契約生産され、県単位で「局納みつまた生産協力会」という団体を設立し対策がなされていた。この点で、楮とはやや状況は異なる。

農林水産省は伝統工芸に関連する原材料の栽培支援として「茶・薬用作物等地域特産作物体制強化促進」事業を行い、2022年度実績で14億円弱の予算をつけている。また林野庁では「林業・木材産業成長産業化促進対策交付金」事業（2023年度予算は約75億円）で、伝統工芸の原材料の栽培、流通支援に取り組んでいる。文化庁も定期的に「伝統工芸用具・原材料に関する調査事業」を行い、原材料不足の実態を把握するとともに、各産地や事業者の原材料調達の取り組み、工夫を発信してきた。

官民の取り組みの成果か、わずかではあるが2018年頃から楮の栽培面積は増加し始め、面積に対する収穫量も増えてきている。現在の主な国内生産地は、高知県、茨城県、新潟県で、手漉き和紙に関しては多くの和紙産地が地域外から楮を調達している[3]。

国内生産対策があまり取られてこなかった楮を主原料に、高品質な手漉き和紙を生産する産地では、これまで自生に頼っていた原材料を自ら栽培する事業者・職人が登場している。農業従事者等との協力により、栽培方法に関する知識・技術も蓄積されつつある。以下では、文化財修復にも使用される高品質な手漉き和紙を生産する「石州半紙」産地の取り組みを紹介し、伝統工芸の継承を一次産業と人々の暮らしの視点から考えてみたい。

石州半紙の原材料生産

　石州半紙は島根県石見地域で生産される手漉き和紙で、その技は1969年に国の重要無形文化財に指定され、上述したようにユネスコの無形文化遺産にも登録されている。1989年には経済産業省によって「石州和紙」として伝統的工芸品にも指定されている。石州半紙の事業者は明治期には6000件以上あったが、現在、石州半紙の技を受けつぐ事業者は、かわひら、石州和紙久保田、西田和紙工房、西田製紙所の4件のみである。

　石州半紙と石州和紙の違いは原材料にあり、楮のみで伝統的な手漉き和紙の技で作られるものが「石州半紙」である。同地域では、三椏や雁皮を使用した紙も生産している。近年、和紙は襖や障子だけではなく、壁紙やインテリアとしても使用されるが、石州半紙は文化財修復や書道等の美術用途に需要がある。

　石州半紙には、古くから水に濡れても文字が滲みにくい性質があり、地元産の良質な楮を使用することで、強靭で光沢のある和紙が作られる。このような特性から、江戸時代には火事の際に水に投げ入れ帳簿を守ることができるため、大阪の商家等で多く使用されていた。さらに、同地で盛んな民俗芸能・石見神楽の衣装や大道具・小道具にも石州半紙が使われ、軽く耐久性のある和紙を生かした壮大な演出が可能になるなど、地域文化にも大きな影響を与えてきた。

　石州半紙に使用する楮は地元産にこだわっており、これには理由がある。楮は桑科の落葉低木で、日当たり、水はけ、風通しを好む。木の高さ

は7メートルくらいまで成長するが、和紙の原材料にするには3メートル程度で刈りとる。楮はヒメコウゾとカジノキの交雑種で、地域によってどちらの種類の特性が強いかは異なり、多くの系統が存在する。ゆえに、栽培方法は全国どこでも同じではなく、和紙の原材料としての繊維の長さなども地域によって異なる[4]。

楮を手漉き和紙に使用するには、楮の樹皮を剥ぐ加工が不可欠であるが、この加工において、石州半紙では樹皮の甘皮を取らないところに他地域との違いがある。一般的には、和紙の原材料に甘皮を含めると滑らかな和紙になりにくいため、取り除く必要がある。しかし、同地域の楮は甘皮があっても滑らかな和紙になり、その必要がない。甘皮を含む方が繊維の絡まりが良く、より強靭な和紙を作ることができる。石見地域で栽培・収穫される楮は「石州楮」と呼ばれ、石州半紙の特性は石州楮を使うことで生まれている。

石州半紙産地でも他の地域同様に楮の原材料不足に直面したが、もともと地域に自生していた植物だったため、栽培方法が確立されておらず調達は困難だった。そのようななか、2008年から地元の農業者の酒井清美・由美子夫妻が楮の栽培と研究をはじめ、これを機に県の研究機関も楮栽培の研究に取り組むようになった[5]。島根県西部農林水産振興センターでは2009年に最初の苗木を植え、2011年から2018年にかけて毎年調査を行い、地元産の楮の栽培方法に関する知識や経験を蓄積してきた。手漉き和紙を作る事業者はそれぞれに楮栽培に適した農地を購入、借用し楮栽培を始めた。4つの事業者で共同の試験畑も作り、そこで育てた苗を他の農家に分けて栽培を依頼するなど、地域ぐるみで原材料を確保している。

なお、土佐和紙の産地である高知県は楮の生産量が多く、他地域にも出荷しているが、石州半紙産地では、地域で生産する和紙需要に必要な量しか栽培していない。基本的には事業者ごとに原材料を調達しているが、1年間の収穫量と和紙の生産量を完全に一致させることは難しい。和紙の需要はあり生産しなければならないが、原材料が尽きるといったことも起こ

る。その場合は、事業者同士で材料を分け合い、全体として石州半紙の需要に応えられるようにしている。

石州半紙の原材料加工

　収穫した楮は大きなセイロで蒸し、楮が温く柔らかいうちに皮を剥ぐ。この作業は、楮が新鮮な状態である収穫後すぐに行わなければならなく、収穫期の 11〜12 月頃にしかできない。1 年間の生産に必要な楮全てを収穫し、樹皮を剥ぐため、毎年この時期はパートタイム等で地域の人々の力も借りて作業を行う。剥いだ樹皮を竹竿に吊るし天日や風で乾燥させ、この状態で原材料を保存する。その後、樹皮を水に浸し柔らかくして表面の黒皮をとる「そぞり」という作業を行う。地域の特に女性がパートタイムでこの作業を担っている。そぞりが終わり、白皮だけになったものを水洗いし、水のなかに晒しながら不純物を取り除く。次に、大きな釜にアルカリ性の灰を入れて煮る「煮熟」で、くっついている繊維同士が離れやすいようにする。細かな塵をとる「塵取り」、繊維質を細かくほぐす「叩解」を経て、ようやく和紙の原材料になる。これら全て手作業で行われ、和紙づくりが農閑期の仕事だった時代には、真冬に水仕事が続いた。

　2022 年 12 月、例年にない大雪の降るなか、筆者と筆者のゼミ生で島根県浜田市を訪問し、石州和紙会館で行われた石州和紙久保田の楮はぎに参加した。楮をセイロで蒸して表皮を剥ぐ作業には、大きな釜と広いスペースが必要なため、石州和紙久保田では毎年、石州和紙会館の設備を借りて加工作業を行っている。同事業所の久保田総、久保田綾をはじめとした職人や手伝いに来ていた地域の方の指導のもと、2 日間作業を体験した。これを通して、期間限定で地域の人々が協力する作業ではあるが、楮はぎに慣れた人でないと楮の皮が裂け、次の工程で負担になること、楮はぎの作業をスムーズにするために、節がなく太い楮を栽培する必要があることを知った。

　楮はぎをする際に、自分が担当する楮の束のなかに、太く節のない楮が

◆楮はぎの様子・足で樹皮を剥いでいく
　　　　　　（写真提供：石州和紙会館）

あると少し嬉しくなる。なぜなら、節の少ない楮は皮を一気に剥ぐことができるが、節が多いと節に引っかかり皮が綺麗に剥がせず時間がかかる。太い楮は皮が剥がれやすいが、細いと剥がれにくく力がいる。つまり、細く節の多い楮ばかりだと、加工に手間が取られるだけではなく、限られた期間に加工を終えることが難しくもなる。また、一気に皮が剥げないと、皮が裂け、次の工程で時間がとられる。

　この厄介な楮はぎの作業の質を上げ効率よく進めるには、楮が成長する夏に「芽かき」という作業を丁寧に行わなければならない。芽かきは、その字の通り植物の成長期に出てくる脇芽をとることである。脇芽を放置しておくと、小さな枝が出て、幹に栄養がいかなく節の多い細い楮になる。芽かきは楮の成長期である夏にやるから効果があり、炎天下に中腰で、細かく脇芽を取る作業は連日続く。

　和紙の品質を上げるには、和紙を作る時期も重要である。和紙は気温の低い方が繊維の締まりが良く、目の細かいものができる。ゆえに昔は農閑期の冬に和紙づくりが行われ、これは気候や生活スタイルにあっていた。しかし、和紙づくりが副業ではなく専業になり、一年を通して和紙を作るには作業場の温度と湿度をコントロールすることも必要となる。近年の気温上昇は原材料加工だけではなく、和紙を漉く作業そのものにも影響している。

　楮はぎを指導いただいた石州和紙工房久保田の久保田総は家業を継いでいるが、他の仕事の経験を経て、自ら職人の道を選び、楮栽培から和紙生

◆楮畑と芽かきの様子
（写真提供：石州和紙会館）

産まで一貫して行う決断をしている。「雇われて働くことよりも、自分で考え創意工夫してやっていく方を選んだ」という。今や石州和紙を作る職人、それに関わる人々は、楮の成長と収穫に合わせて、時間や曜日に関係なく生活し、近年の急激な天候の変化や温度上昇に合わせるには、楮の状態を優先した生活をしなければならない。まさに暮らすこと、生きることが和紙を作ることになっている。

暮らしとしての和紙づくり

伝統工芸は文化財保護法と伝産法で保護、振興がなされているが、原材料から取り組む和紙づくりを見ていると、文化財として守っていくこと、産業として推進していくことのどちらにもそぐわない側面がある。社会・経済、そして自然環境の変化により、石州半紙の和紙づくりは生活そのものになっているからである。大きな利益を得られるというわけでもないなか、この道を選ぶこと自体が生き方と言える。

手漉き和紙は、明治期以降に洋紙が入り衰退した。しかし、戦後は1970年代に大幅に伸び、1990年代初めまで出荷額は上昇傾向にあった。それまで農家の副業だった和紙生産が、1970年代頃から専業として取り組まれた結果、事業者の淘汰が進み、事業者数は急激に減少する。1990年代に入ると出荷額も大きく減り、事業者数は現在に至るまで右肩下がりである。

1970年代は伝産法が制定され、産業としての伝統工芸の振興への取り

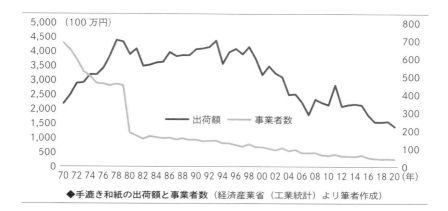

◆手漉き和紙の出荷額と事業者数（経済産業省（工業統計）より筆者作成）

組みが意識された時期である。日本全体を見れば、高度経済成長期を経て、大きな産業を作ること、事業規模や利益の拡大を目指すことが当たり前の時代だったと言える。多くの産地は機械漉きに移行し、岐阜県美濃のように製紙業として大きく発展した産地もある。しかし、手漉き和紙全体の盛衰を見ると、本来は専業としての成立可能性が高くなかったものを、拡大志向で専業化、産業化した結果、従来の方法では維持することができなくなっていったと捉えることもできる。石州半紙も事業者は4件となり、今後どのように技が受け継がれていくのかは課題である。幸いにも現時点では、どの事業者の後継者も高齢ではなく、自らの意思で職人の道を選んでいる。石州半紙産地では、これからも機械化せず手漉きにこだわり、規模の拡大を目指さず、各事業者が自ら生産できる範囲にとどめ、品質維持を貫いていくだろう。量産品とは一線を画すからこそ、文化財修復や美術用途という特殊需要に応えられている。

　これは、伝統工芸を守り、振興することを人々の暮らしと切り離し、産業や形ある文化として捉えるのではなく、人々の生活として捉え、支え振興していく視点を示している。島根県安来市出身の陶芸家・河井寛次郎の言葉「暮しが仕事　仕事が暮し」を思い出させる。石州半紙の和紙づくりは、労働や仕事という概念を超えた、この地域に暮らす人々の営みそのものである。私たちは市場経済のなかで効率性や成長、規模の拡大を掻き立

られ、それを自明のものとして受け入れてきた。高度に分業化、専門化した社会では、農業、産業、文化といった領域が作られ、政策も人々の活動も領域ごとに行われる。しかし、人々の暮らしとしての和紙づくりでは、原材料である楮を中心に、異なる領域の人々、活動が関わり合い、越境し合い、融合している。まさに、楮が地域の人々、社会の共有財＝コモンズであり、和紙づくりは文化的コモンズと言える。

　文化的コモンズとは、地域の誰もが自由に参加し、他者と経験を共有できる多様な文化的営みの総体である。公立文化施設や近年増加する芸術祭、アートプロジェクトの役割において、文化的コモンズ形成への寄与が謳われてきた。和紙づくりの事例は、文化的コモンズは人々の暮らしのなかにあり、暮らしを中心に生まれ作られるからこそ、異なる領域が結びつき、越境していくことを示している。

注

1　楮には黒皮と白皮があり、収穫量とは、黒皮の収穫量に白皮を黒皮換算したものを足した量である。

2　日本特用林産振興会 HP「和紙（わし）―文化財を維持する特用林産物 3」（https://nittokusin.jp/bunkazai_iji/washi/washi3/、2024 年 6 月 18 日閲覧）。

3　農林水産省「和紙原料の生産状況等について」（https://www.maff.go.jp/j/seisan/tokusan/attach/pdf/tokusan-1.pdf、2024 年 6 月 18 日閲覧）。

4　冨川康之・大場寛文（2022）「石州半紙の原料とされている島根県産コウゾにおける標準的な生産成績の把握―幹成長、原木収量および和紙原料としての歩留まり―」島根県中山間地域研究センター研究報告、18 巻、13-23 頁。

5　高島知佐子（2020）「伝統工芸の技法伝承が伝統芸能の継承につながる―石州和紙と石見神楽―」松本茂章編著『ヘリテージマネジメント　地域を変える文化遺産の活かし方』学芸出版社、132-139 頁。

	地域文化の担い手としての企業
5.3	阿波踊りを事例として

中村 まい

研究に至った背景

阿波踊りは全国的に知名度の高い民俗芸能であり、様々な角度からの知見が蓄積されているが、踊り手としての「企業」に着目した論稿はほとんど見られない。本節では、文化・芸術支援としての企業メセナとは異なり、企業自体が文化・芸術の実践者になるという視点を提供したい。

筆者が踊り手としての企業に着目したのは、2つの理由がある。1つは、20代の頃に役者・制作として劇団活動に従事してきた経験から、日本の文化・芸術を産業として成り立たせるために、実践者をもっと増やす必要があると痛感したからである。実践者から鑑賞者につなげることで、市場を開拓できるのではないかと考えた。もう1つは、社会人として働いた際の経験に起因している。当時の職場は働きやすかったが、上司と同僚の間に軋轢があり、度々、組織としての脆弱さが垣間見えていた。劇団でダンスワークショップなどを主導していた身として、「一度、立場を忘れてみんなで踊ったら、関係改善を図ることができ、仕事の効率も上がるのでは？」と感じていたのである。

これら2つの経験がもととなり、お茶の水女子大学大学院で舞踊の研究を始めることになった。その際に、地元・徳島の民俗芸能である阿波踊りに参画する企業の踊り集団「企業連」を研究対象に定めた。

企業による民俗芸能の実践

改めて「企業の民俗芸能実践」という視点で全国を眺めた時、意外と身近な事例があることに気付かされた。たとえば、東北六大祭りのうちの

盛岡さんさ踊りや山形花笠まつり。2023年の参加状況を見ると、盛岡さんさ踊りでは全103団体のうち27団体（26.2％）、山形花笠まつりでは全120団体のうち29団体（24.2％）が企業[1]。南九州最大の祭りと言われる鹿児島県のおはら祭りでも、同様に多数の企業の参加が散見される。

　これらの祭りの多くは、地域振興のために創設されたという特徴を持つ。阿波踊りはそのなかでも先駆けで、観光化が行われたのは戦前の1928（昭和3）年と早い。現在はお盆の8月12〜15日の4日間、夕方から夜にかけて、徳島市中心部一帯を大規模な歩行者天国にして行われる。100万人以上が訪れると言われており、県内外から見る者・踊る者が集まる、集客力の高い祭りである。そのため、観光化の成功事例として、他地域がその祭りの形態を参考にすることもあった[2]。

　参加企業数が多いことも阿波踊りの特徴である。2018年徳島市の阿波踊り4日間に参加した全337連のうち、企業連は78連（23.1％）[3]。地域振興のための観光化に成功した阿波踊りを先行事例として、企業の芸能実践の社会的効果を検証できるのではないかと考えた。

多方面に見られる社会的効果

　阿波踊りの担い手には、大きく分けて、踊ることを目的として設立される集団と、他の目的のために組織されている団体から派生する集団が存在する。前者は、有志で結成される有名連[4]と一般連、高校の部活動や大学のサークルの連などが該当し、季節を問わず、年中踊りの研鑽を続けている。一方、企業連などは後者で、結成が一時的であることや参加者が固定化されていないことが特徴として挙げられる。

　企業が連（踊り集団）を作り、阿波踊りに参加する大きな目的は、企業PRだと言われている[5]。前述の通り、阿波踊りによる集客力を宣伝の機会と捉えてのことである。しかし、筆者のこれまでの研究では、企業PR以外の効果・効用に着目してきた。

　筆者の博士論文では、企業連78社に対して運営に関する質問紙調査を

◆藍場浜演舞場に踊り込む
　パナソニック連
　　　　（2022年8月13日筆者撮影）

実施。54社から得た回答を分析した結果、企業連を組織することでの効果・効用として、従業員の福利厚生、社内の従業員同士の連携強化、社員教育、企業PR、顧客の接待、関連企業・取引先企業との関係強化の機会としての活用が挙げられる[6]。社内外の多方面に影響を及ぼすことがなぜ可能になるのか。次項から、具体的な2社の事例をもとに、企業連の運営が企業活動にどのように寄与するのかをみていきたい。

地元大企業の連：大塚うず巻連

　大塚うず巻連は、株式会社大塚製薬工場の社員で構成される企業連である。株式会社大塚製薬工場は徳島県鳴門市に本社を置き、従業員数2318名（2023年12月31日現在）、輸液製剤の国内シェア過半数を占め、経口補水液「オーエスワン（OS-1）」などのメディカル・フーズを開発している。大塚グループ内には、大塚うず巻連のほかに3つの企業連があり、グループ全体で阿波踊りへの参加を重視している。

　大塚製薬工場は企業連を1989年に発足させる。鳴門にあった「うず巻連」の名前を引き継いでほしいという依頼を受け、「大塚うず巻連」と命名。運営は総務課が取りまとめており、連の庶務は業務の一環として総務課の社員が担当している。踊り手や音楽を担当する鳴り物は任意の参加者で構成されており、毎年、春になると連員の募集を開始する。

　大塚うず巻連にとって、2024年はコロナ明け5年ぶりの阿波踊り参加

であったため、参加者が集まるかどうか不安があったそうだ。社内イントラによる告知に加え、食堂入口での衣装や映像の展示によって連の存在をアピールした結果、79 名が手を挙げた。2019 年までは 100 名ほどの規模であったため、若干縮小した形だが、新規参加者は 34 名と社内における関心の高さが窺える。

ストイックな基礎練習

　2024 年度の練習は 5 月 16 日から週 1 回、毎週木曜日の業務後に 18 時から 20 時前まで 2 時間弱、敷地内で行われた。練習初期は工場内の体育館で基礎練習を、中盤以降は敷地内の道路で本番を想定した練習を実施。

　筆者が見学した 2024 年 6 月 20 日は、体育館内での練習で、ちょうど衣装の配布日であった。練習が開始されたのは 18 時 20 分頃から。鳴り物のリーダーである鉦の担当者を筆頭に、音楽が鳴り始めると、各所で談笑していた踊り手たちが整列し、列を組みながら阿波踊りの基本の 2 拍動作による前進を始める。バスケットコート 2 面分の体育館の端から端まで踊り切ると、向きを変えてまたこちらに踊りながら戻ってくる。その往復だけの基礎練習が延々と繰り返される。

　指導者は特におらず、歴が浅い連員は周りのベテランの動きを参考に、見様見真似で技を習得する。総務部総務課次長の西脇丈泰連長は、そのような練習体制を「連員の自主性を尊重しつつ、各パートのリーダーがある程度管理とチェックを行うようにしている。一方的な指導ではなく、コミュニケーションを取りながら上達してほしい」と説明。連にはいくつかの有名連に所属している連員が何名かいて、各々踊りのスタイルが異なるため、連としてスタイルを統一することはしていない。それでも一緒に練習を重ねていくと、一体感が見えてくるのが不思議である。

社員間の関係構築と地域文化の継承

　大塚うず巻連では、音楽の演奏を受け持つ鳴り物（鉦、笛、三味線、締

め太鼓、大太鼓等）、男踊り、女性の男踊り、女踊りの4つのパートに分かれている。練習では、音楽が鳴り続いている15〜20分ほどの間、踊り手たちはひたすら踊り続け、音楽が鳴りやむと15分ほどの休憩が挟まれる。休憩時には飲み物として冷たい水や自社製品のOS-1が提供され、連員は水分補給をしつつ、談笑にふける。総務課の住吉佳奈は「部署を超えた関係をつくることができるのが醍醐味」だと言う。連員は胸元に部署名と名前を記載したゼッケンをつけている。普段の業務では知り合うことのない、他部署の知り合いができることが、日常の業務にプラスの影響を与えているとのこと。「他部署の業務のことはよく分からないが、連の知り合いがその部署にいれば、あの人にちょっと聞いてみよう、と思える」そうだ。

　企業連は、他地域から来た人が阿波踊りに触れる機会にもなっている。三味線を担当する新人の白石帆果に話を伺ったところ、就職で徳島に赴任し、ここ2年は「見る側」で阿波踊りを楽しんできたと言う。初めて見た時から、「これは絶対、見るよりやった方が楽しいはず」と思い、阿波踊りに参加できる機会を楽しみにされていたそうだ。大塚うず巻連が活動を休止していたため、今年が初めての参加とのこと。

　そんな新人を支えているのが、退職後も連に関わってくれているOBの方たちである。特に鳴り物は技術継承が難しく、音楽のレベルを維持するためにはベテランOBの参加が欠かせないと言う。今年も退職後のOBに声を掛けたところ、9名が参加に応えてくれた。鳴り物を束ねるリーダーである鉦の前田紳治は「声がかかるけん、参加しとるんよ」と気さくに答えてくれたが、連の演舞の質を下支えする鳴り物をいかに確保するかは、どの連でも頭を悩ませている課題の一つである。

　大塚うず巻連の練習は、この後7月から、観客の目を楽しませるための応用的な群舞である「演舞構成」の練習に切り替わる。5月から約3か月の間、練習を重ねて本番を迎えることで、一体感や達成感の共有を通じて仲間意識も高まるのである。

地元経済を支える地銀：あわぎん連

阿波銀行は、1896（明治29）年に阿波商業銀行として創業。前身となる久次米銀行は全国で5番目の私立銀行で、設立者の久次米兵次郎は藍商人。現在でも、世代を超えた関係を大切にする「永代取引」という藍商人の精神を営業方針に据えている[7]。

あわぎん連は、1951（昭和26）年発足。現在の有名連である「うずき連」は、阿波銀行の行員が集まって始めた連[8]で、有名連の発祥になるほどの長い歴史を持つ。しかし、踊りに真剣に向き合うようになったのは河合英一元頭取（1971〜1986年に頭取を務める）の時代からだと言う。自らも風流人で、笛を奏でた河合元頭取。1980年に、観光姉妹都市仙台への親善使節団としてあわぎん連が派遣されたことをきっかけに、連としての質を高めるため、体制を整えてきた[9]。

その後、2000年代に、阿波踊り部（通称「踊り部」）が発足。阿波踊りを踊れる行員はそれぞれ、異なる連で踊りを身につけていたため、「あわぎん連の踊り方」の確立を目指したのである。

多様な参加者に対応する運営

現在のあわぎん連は、新入行員と任意参加の踊り部のメンバーによって構成されている。これまで、新入行員は赴任地が遠方だと参加が難しかったため、実際は半数ほどの参加であった。踊り部と合わせると連全体の規模も120名ほど。しかし、今年から新入行員の研修期間が1か月から半年に伸びたため、初めて、新入行員71名全員が阿波踊りに参加することになった。もちろん、強制参加ではなく、参加するかどうかアンケートを取った結果である。2024年度は女踊り68名、男踊り57名、鳴り物23名、役員8名という合計156名の大所帯となった。

連の運営は、業務管理部副部長の公文高志が担う。全体をまとめる人が必要と裏方を引き受けた。あわぎん連の参加者は、踊り部のように純粋に

踊りを楽しみたい者、役員のように「踊ることが仕事」と割り切っている者、そしてお祭りを楽しみたい者の3つに分かれるそうだ。

公文は、「この3つのバランスをどう取るかが肝心」と言う。練習に対して厳しすぎると、お祭り気分の人が参加しづらくなり、かと言って踊りに対していい加減な気持ちの人ばかりを受け入れると、真剣に踊りたい人の不満がたまる。様々な参加動機の人がいることが企業連の特徴とも言え、運営もそれに配慮する必要が出てくる。

有名連との協力関係

2024年度の練習は5月下旬から毎週水曜日、週1回、18時30分から20時まで行われた。あわぎん連は、新入行員の指導をうずき連に委託。練習は男踊りと女踊りに分かれ、それぞれうずき連の担当者が指導を行った。今年は異例の大人数だということで、それに対応できるよう、うずき連も指導人数を増やした。うずき連の高瀬大輔連長は、「教える方も勉強になる。若手に教える機会を与えて、有名連での新人指導に活かしていきたい」と、企業連との関係を自連の運営に活かそうと考えている。

見学に訪れた2024年6月19日は、本店脇の駐車場で練習が行われていた。徳島市では6月頃から屋外で阿波踊りの練習が行われるので、街中からぞめき囃子が聞こえてくると「夏だ」という気分が盛り上がる。

鳴り物の演奏が始まると、男女別々に隊列を組み、前進しながら基本動作を繰り返す。駐車場の端から端まで踊っていくと、方向転換して、また

◆阿波銀行本店脇の駐車場で練習を行うあわぎん連
　　（2024年6月19日筆者撮影）

こちらに踊りながら戻ってくる。女踊りでは最初は手を上げず、足運びのみを丁寧に確認していた。10分踊って、10分休憩というサイクルが繰り返される。

19時には軽食（この日はたい焼き）と飲み物が振る舞われ、新入行員も踊り部のメンバーも、指導側のうずき連も、みんなで談笑しながら休憩に入った。休憩の最中にうずき連から個別指導を受けている熱心な踊り手の姿も見られた。あわぎん連の指導を担当して31年のうずき連・小牧政夫理事長は、阿波銀行幹部の方々から「几帳面さを大事にしてほしい」とリクエストされてきたと言う。その言葉通り、基礎を大事に、丁寧に練習を積み重ねている印象を受けた。

踊りを追求する

新入行員として阿波踊りに初参加した際に、踊りに「はまった」という、踊り部の齋藤全志は、幼い頃から阿波踊りが大好きで、毎年「見る阿呆」だったと言う。学生時代は野球部だったため、これまで踊る機会は全くなかった。入行の年にあわぎん連で初めて踊り、好きな気持ちが「爆発」したそうだ。昨年も参加し、今年は3年目。少しでも上手くなりたくて、家でも練習しているとのこと。

齋藤は企業連で踊り始めてから、阿波踊りを見る視点が変わったそうだ。どういう風に踊っているのか、足運びなどを注視するようになり、踊り手目線で見るようになったと言う。いきなり有名連に入ることはできないが、たまたま企業で縁があったので、こうして続けられているそうだ。「好きが強み」と爽やかにこたえる齋藤は、うずき連の指導者も期待する踊り部のエースである。このように企業連では、有名連などで踊るのはハードルが高いが、阿波踊りを踊ってみたかったという人の受け皿にもなっている。

練習後半では、女踊りで応用的な群舞の練習が見られた。筆者が「演舞構成」と呼ぶ、集団での「見せる踊り」は、掛け声を合図に隊列を変えた

り、踊り方に変化を加えたりするものである。演舞場を前進しながら踊るため、目印になるものはなく、お互いの相対的な距離感のみで隊形を保たなくてはならない。他者と踊りを合わせる練習が必要なのである。企業連のなかでも、演舞構成を自分たちで実施する連は、それほど多くない。観客を楽しませる部分は、出演をサポートしてくれる有名連に任せる、という企業連も多いため、自分たちの演舞で観客を楽しませようとする気概には、自連の歴史に対する自負が感じられる。

担い手としての企業の可能性

こうして、苦楽を共にしながら阿波踊りをやり遂げた経験は、社員間の絆を深めるだろうと想像に難くない。同期や他部署の同僚だけではなく、他支社・支店という地域外の拠点とのつながりを深めることにも有効である（中村 2024）。社内でのつながりが強化されると、離職を食い止めることにもプラスに働きそうである。

「関係をつくる」作用は社内に留まらず、合同で連をつくる系列のグループ企業や取引先企業、顧客との関係を強化することにもつながっている。県内で資源循環などの事業を幅広く手掛ける岸化学グループでは、県外の取引先企業を招待し、企業連に参加してもらっている。岸化学グループ連の運営を担当する秘書室長の登幸治郎は、「阿波踊りで徳島へ来てもらい、企業見学も行って自社について理解を深めてもらう機会にしている」と言う。阿波踊りへの参加を通じて参加者間の関係が深まり、参加者の背景にある企業同士の関係にも影響を与えていくのである。それが後々の企業活動を円滑に回していくことにつながっていくのだと考えられる。

有名連のように通年で活動しているわけではないが、企業連も自身のペースで踊りに向きあっている。踊りたかったけれど、これまで機会を得ることのなかった、潜在的な踊り手の発掘にも寄与している。指導や協同出演に対する有名連への謝礼は、企業からの運営資金の提供と捉えることもでき、お互いの連運営を支援し合う関係だとみなすことができる。こう

した状況を考慮すると、担い手の一角として、企業が地元の踊り文化を支えているとも言える。

　阿波踊りの企業連の事例は、担い手不足に悩む他地域の民俗芸能の運営において、1つのヒントを与えてくれるだろう。企業には資金と人材がある。それを提供することによって、企業側も地域社会との関係を強化することができるというメリットがある。企業を含めた、新たな共生の形を模索することで、持続可能な地域文化の継承が実現できると考える。

注

1　それぞれ、祭りの公式プログラムより参加団体を抽出して算出。
2　高知よさこい祭りや盛岡さんさ踊りは徳島の阿波踊りを参考にして祭りを始めたと言われている（岩井正浩（2021）『高知よさこい祭り　市民がつくるパフォーミング・アーツ』岩田書院；大石泰夫（2007）『芸能の〈伝承現場〉論　若者たちの民俗的学びの共同体』ひつじ書房）。
3　徳島市より提供を受けた出演表より算出。
4　徳島では、阿波おどり振興協会と徳島県阿波踊り協会に所属する33連が「有名連」と呼ばれ、常設の観光施設や祭りの際の有料ステージでの演舞を引き受ける。
5　髙橋晋一（2015）「阿波踊りの観光化と『企業連』の誕生」『国立歴史民俗博物館研究報告』第193集、221-237頁。
6　中村まい（2024）「阿波踊りの企業連に見る多層的関係を構築・強化する機能―担い手としての企業の可能性―」。
7　『阿波銀行 統合報告書（ディスクロージャー誌）2023』より。
8　当時の阿波銀行の連（阿波商連）は4日間のうち1日しか踊らなかったため、もっと踊りたいという踊り好きが1957（昭和32）年にうずき連を発足させた（うずき連『40年のあゆみ』より）。
9　『Tokushima Graph』2009、82-83頁。

第6章
地域づくりと文化芸術の関係

◆若い芸術家やクリエーターが集う、大阪市此花区の公衆浴場「千鳥温泉」の暖簾
（2024年5月29日松本茂章撮影）

6.1	公衆浴場が文化創造の場になる可能性
	大阪市此花区の千鳥温泉に注目して

松本 茂章

公衆浴場の現状

　法律や行政の用語でいえば「公衆浴場」、話し言葉で言えば「銭湯」は、地域にとって大切な存在だ。公衆衛生を維持する役割に加えて、裸の付き合いが展開するコミュニティの場でもあると同時に、脱衣場や浴室を活用して文化事業が行われるなど「文化芸術の現場」としても活用されている。

　本節の原稿を書いている研究室「本のある工場」（元印刷工場）は 2022 年 5 月に開設した。大阪市此花区にある。京都の自宅から大阪の研究室に通ううち、「大阪市内には随分と銭湯が多いぞ」と気づいた。研究室から徒歩圏に 3 つの公衆浴場が健在なのだ。その 1 つ、千鳥温泉に足を延ばして入浴を楽しんだ。すると直後に東京・原宿の真ん中に公衆浴場がオープンしたとのニュースに接した。公衆浴場はこれからどうなるのだろう。

　日本全国の「一般公衆浴場」の数は年々減少している。厚生労働省の「衛生行政報告例」（2022 年度末現在）によると、全国で 3000。前年度比で 120 も減った。18 年度は 3535 だったので、4 年間で 535 か所が姿を消した。都道府県別にみた一般公衆浴場（銭湯、老人福祉センター等の浴場）は、東京都の 467 が最多。公衆浴場が最も多い市町村は大阪市の 228 である。

　大阪府の調べでは、2023 年 3 月末現在の同府内の一般公衆浴場（私営）数は 366。内訳は大阪市が 228 で最多。次いで東大阪市 30、堺市 17。府内の一般公衆浴場（私営）における 1 日あたり平均利用者数は 21 年で 121 人。13 年の 105 人より回復して 04 年（122 人）の水準まで戻った。

　大阪府は 2024 年 3 月、「今後の公衆浴場の研究について」と題した報告書をまとめた。池田・守口・門真・東大阪の各市にある一般公衆浴場の利

用者計 1030 人を対象に行ったアンケートによると、利用者のうち、70 代以上が最も多く 393 人（38.2％）を占めていた。施設を利用する目的を聞くと、47％が「設備の充実」を挙げた。近年のサウナブームから「サウナを利用」が 26％だった。一方で、「知人などに会える」が 13％もあった。調査を担当した大阪府公衆衛生課の生活衛生グループ総括主査、森川洋佑（1983 年生まれ）は「公衆浴場が『人と人が出会う場』になっている様子が分かった。銭湯はコミュニティ施設であることが 1000 人規模の調査から示唆された」と語った。

異色の経営者「勝五郎さん」

筆者の研究室近くにある千鳥温泉は、JR 大阪環状線・西九条駅から西に徒歩 12〜13 分ほど。阪神なんば線の千鳥橋駅から南に 5 分。木造住宅が立ち並ぶ大阪市此花区梅香 2 丁目に、白い壁に赤テントの千鳥温泉が現れる。ひらがなの青文字で「ゆ」と描かれた暖簾をくぐると「いらっしゃいませ」の声がかかる。経営者の桂秀明（1966 年生まれ）や妻の育美（同年生まれ）、後述する若者たちが交代でロビーの受付（番台）に座っている。

桂は異色の経営者である。サラリーマンから銭湯経営に転じた。地元・此花区西九条に生まれ育ち、神戸大学法学部を卒業。学生時代は映画研究部で活動した。映像関係の仕事をしたいと志望し、リクルート系の映像会社に就職。4 年半で退職し、旅行会社に転職した。インドネシアのバリ島旅行を専門とする会社で、旅行の企画や営業を行った。バリ島のオフィスへの転勤を何度も希望したが、実現しなかった。その後、JTB 系の別会社に転職して米国旅行を担当していた。

桂は「10 歳まで自宅に風呂がなく銭湯に通っていた」経験もあり、以前から銭湯を愛好していた。銭湯ツアーのガイド役を務めていたときは、愛称「勝五郎」を名乗っていた。大好きな落語「芝浜」の主人公の名前である。2017 年 7 月 20 日頃、知り合いの銭湯経営者から「千鳥温泉の経営者が他の銭湯に移り、9 月から店を引き継ぐ人が見つかっていない」との

◆千鳥温泉の外観（左）、千鳥温泉の経営者 桂秀明さん（右） （2024年5月2日筆者撮影）

話を聞く。早速、千鳥温泉を訪ねてみると、経営者は事態を認めた。桂は「地元・此花区の銭湯が１つなくなるのは惜しい」と思い、地元に住む所有者（大家）から借り受け、17年９月１日から経営を引き継いだ。同年９月30日付で勤務先を正式退職した。「家賃、光熱費や燃料代、１日の入浴客。数字を教えてもらい計算すると、残るお金はサラリーマンの給料並みだと分かった」ので決意した。何より「定年はない」「好きな銭湯にいつでも入れる」「好きなことができそう」と感じた。

桂は入浴客の数を増やすために考えを巡らせた。裏屋号を「自転車湯」と名付け、自身も愛好するサイクリングの人々を誘致するため、ロビーにスポーツ自転車専用ラックを設けて、サイクリストらが汗を流せるように配慮した。「ブルース湯」の裏屋号も付け、時折、音楽ライブを催す。定休日の火曜夜に観客を集める。「僕の好きなミュージシャンたちを招いてきた」と話した。

千鳥温泉はメディアでも取り上げられた。東京の女性脚本家がシナリオづくりの参考にしたいと希望して来阪。数日間浴室の清掃を体験した。これが千鳥温泉をモデルにしたＴＶアニメ番組『BanG Dream！』（バンドリ！）の放映（19年の第２期、20年の第３期）につながった。公衆浴場「旭湯」に下宿するガールズバンドの女子がサブキャラクターだ。今も「聖地巡り」のファンがやって来る。書籍では、若手女性落語家が風呂屋に居候して働きながら修行する小説『甘夏とオリオン』のモデルになった。

浴室に個人出稿の手書き鏡広告（半年間、３万円）を復活させて話題を

集める。ほかにも脱衣場や浴室を活用して演劇公演や写真展を開いたり、プロレスを試みたりしてきた。自由に人生を楽しみながら新しいアイデアを実行する桂は言った。「僕が千鳥温泉を引き継いだ 17 年に比べて、すでに 3 か所のお風呂屋さんが此花区で廃業した。経営努力を重ねて何とか存続させていきたい」。そうは言っても、実際の現場は厳しかった。

掃除の大変さと清掃スタッフの公募

千鳥温泉は午後 2 時 30 分に開店し、午後 10 時 30 分に閉店する。定休日は毎週火曜。桂が引き受けた当初は前経営者と同様、午前 0 時まで営業していた。しかし「体が持たない」ので、3 回にわたり短縮して現在に至る。

桂は開業 1 か月で「何か手を打たないと持たない」と痛感した。会社員時代、土日は休日だったが、千鳥温泉では週 1 日と年始の休みだけ。しかも閉店後の清掃は負担が大きい。当初、桂が男湯・女湯の浴室をきれいにし、妻の育美が脱衣場等の清掃を担当した。「あまりにもしんどい。男湯と女湯の双方を 1 人で清掃すると計 2 時間はかかる。水漏れなどがあると終わるのは午前 3 時過ぎ。しかし人を雇用する経営的な体力がない」。どうしたのか？　浴室を清掃してくれるボランティアスタッフを募ることにした。中 2 階の部屋（六畳 1 間＋キッチン）は同温泉を借りる賃貸料に含まれていた。ここを人が住めるように改装し、ツイッター（現・X）で「部屋を無料で貸すので浴室の清掃を手伝ってほしい」旨を投稿した。男性 1 人が 2018 年 2 月から 2 年間、清掃を手伝ってくれた。

この部屋は公衆浴場の内部からしか出入りできない悩みがあったため、その後は使わず、代わりに千鳥温泉の 2 階にある「千鳥ハイツ」（風呂なし、計 7 室）の一部を所有者から借りて清掃スタッフに提供することに。「月 10 回清掃スタッフを務めてくれたら毎日お風呂は入り放題。安価でアパートにも住める」との条件を提示して改めて募集。千鳥ハイツに加え、徒歩 4 分に位置する風呂なしアパート「梅香コーポ」を借りるなどして、常に部屋を確保しながら清掃スタッフ等を SNS で募っている。

2024年6月現在、若者の支援ボランテティアスタッフは12人。20〜30代の社会人たちである。当番を決めて交代しながら銭湯の切り盛りに参画する。千鳥温泉の支援スタッフが従事するのは、原則として「毎月10回の浴室清掃」で、これに参加すると「定休日以外お風呂に入り放題」となる。さらに市場より安価の「毎月2万〜2万5000円程度」の家賃で、風呂なしアパートに入居もできる。より詳しく説明すると、若者たちが担当するのは、1つには浴室清掃（男湯1人、女湯1人）。2つには脱衣場等の清掃（1人）。3つには午後9時30分から閉店時刻の午後10時30分までの受付（番台）当番と仕舞い作業（1人）。仕舞い作業ではボイラーの停止、コインランドリー清掃、店の施錠などを行う。

午後9時30分以降、若者たち4人で自発的に管理運営している。雇用と報酬という形ではなく、あくまでもボランティアとして清掃等に名乗り出る。対して桂は適材適所を判断しつつ上記3つの役割を担当してもらう。そして有する資源（お風呂入り放題、安価な住居）を提供する訳である。

銭湯に集まる若者たち

なぜ若者たちは千鳥温泉に集まってくるのだろうか？　筆者は若者12人のうち8人に聞き取り調査を行い動機を尋ねた。キーパーソンの2人は、女性アーティストでミュージシャンの「よいまつり」（愛称・まつりちゃん）と、ミュージシャンでCDショップ経営の森岡孝介（1994年生まれ、愛称・こすけ）のカップルである。まつりちゃんは電子機器「サンプラー」を操作しながら音楽ライブや音楽フェスに出演して歌う。2019年2月、桂に誘われて梅香に転居。千鳥温泉の受付を引き受けながら上階の千鳥ハイツに住んだ。「銭湯が大好きで、以前から千鳥温泉を知っていた。劇団員の時には千鳥温泉での公演に出演したことがあった」ので桂と面識を得ていた。

梅香は同じ此花区にあるテーマパーク・USJと近いため、数多くの民泊施設が開業している。まつりちゃんは民泊施設の清掃業務を務めながら盛

んにアーティスト活動を繰り広げる。自ら企画・主宰した梅香のアートイベント「ニューパライソ」では千鳥温泉の脱衣場で行われたライブに出て、ピンク色の浴衣姿などで歌い踊った姿がYouTubeにアップされている。

こすけは神戸市出身で、パンクバンドのドラマーだ。大阪市福島区のバーの運営を任されていた際、まつりちゃんと親交を深め、2020年に一緒に暮らすようになった。同時に千鳥温泉の清掃スタッフに参加した。現在の2人は千鳥ハイツから引っ越して梅香1丁目の一戸建て住宅を借りて暮らす。こすけが同住宅をインディーズ系CD店＆バー「さぼてん堂」に改装して24年8月に開店した。2人は友人や知人を千鳥温泉に誘った。

IT企業に勤める石川直哉（1990年生まれ）は香川県出身。大学進学時に大阪に出てきた。こすけとは飲み友達だった。世界1周の旅に出るために会社を退職。大阪市西淀川区の自室も引き払ったところ、2020年のコロナ禍に直面。海外に旅立てなかった。部屋もない。まつりちゃん・こすけに誘われ、梅香コーポの1室に移った。「風呂なしだったので、月に10回清掃すればお風呂入り放題なのは魅力的だった」と振り返る。現在は風呂ありアパートに引っ越したものの、千鳥温泉の清掃スタッフを続け、日々入浴にやって来る。「千鳥温泉を訪れると清掃仲間がいる。『お疲れさま』『おやすみ』とあいさつできる。都会暮らしでこんなにあいさつができるところはない。とてもぜいたく」と言った。

公的な病院に務める看護師の杉井幸祐（1995年生まれ）は堺市の出身。千鳥温泉の上の千鳥ハイツの1室に住み、受付（番台）や仕舞い作業を

◆男湯を清掃するスタッフ
（2024年5月31日筆者撮影）

担当する。銭湯愛好家で、大阪中の公衆浴場に足を運んできた。2019年6月、千鳥温泉を入浴のために訪れたところ、「銭湯の番台は高齢の男性が座っているものだが、千鳥温泉では若い女性（まつりちゃん）がいて驚き、『なぜに』と話しかけた。千鳥温泉を支援するスタッフ募集や安価なアパートのことを聞き、大いに惹かれた」（杉井）。翌日、千鳥温泉を再訪、桂から説明を受け、その場で千鳥温泉のスタッフ参加を決めた。しっかり者の杉井は、ボイラーを止めるなどの仕舞い作業を任されている。

救急病棟に勤務する杉井だけに夜勤が多い。「夜勤明けで朝に帰宅し、眠ってから夕方にお風呂やサウナに入る。この爽快感がたまらない」と笑顔で語った。一方で「大きな病院では患者さんにできることが限られる。高齢者の患者さんからゆっくりとお話を聞くことが難しい。でも銭湯の受付に座っていれば、高齢者が話しかけてくださる。体のご不自由な方に手を差し伸べることができる。とても充実感がある」と率直に語った。

清掃スタッフは男性が多いが、女性も加わる。大阪市生野区に生まれ育った原川裕眞（1998年生まれ）は教育関係の会社に勤務する。ツイッター（現・X）で千鳥温泉のスタッフ募集を知った。「2023年6月から清掃スタッフに加わった。当初は生野区の自宅から電車で通ったが、同年12月、梅香に引っ越した。水道代込みで毎月の家賃は2万5000円。同年配の友人がたくさんできた。とても楽しい」と笑顔で話した。

筆者が訪れた24年5月29日。午後10時30分になるとスタッフがパンツ姿になり、手際よく清掃作業を進めた。洗剤を用いて床や壁を磨く。ガラス戸を磨く。若い力なので、1時間ほどで浴室はピカピカになった。

桂は年に数回、現スタッフの懇親会や新人スタッフの歓迎会などを理由に、飲み会を開く。定休日の脱衣場に低い机を置き、若者らが床に座って乾杯する。出身地も仕事も性別も異なる若者たちはすぐに仲良くなる。

創造人材系の若者たち

文化政策研究者である筆者は、千鳥温泉の支援スタッフにアーティスト

やクリエーターが多いことに気づいた。音楽のまつりちゃん・こすけにとどまらない。柴原直哉（1995年生まれ）は美術家だ。大津市出身で、京都精華大学芸術学部メディア造形学科映像コースで学んだ。卒業後も実家に暮らしながら創作活動を続けた。浮世絵の技法を用い、木版画を彫る。版画を刷って1000枚ほどつなげ、アニメーション作品を制作する。「実家を出たい」と思っていた時、先に梅香に移住していた大学の友人から紹介を得て、2023年6月、梅香に転居した。風呂なしの部屋に暮らす。民宿施設の清掃アルバイトに就いたところ、研修してくれたのがまつりちゃんだった。紹介されて千鳥温泉の仲間に加わった。番台と仕舞い作業を担当する。

　創作活動への影響を尋ねると、柴原は次のように答えた。「自宅では版木を彫り、刷っている。とても地道な作業で、次第にしんどくなってくる。『今日はだるい』と思う日がある。そんなとき『今日は銭湯や』『ひとっ風呂浴びよう』と思う。人がいないと、孤独で心が閉ざされる。番台に座っていると、高齢者の方々が話しかけてくる」。

　シマツーこと嶋津啓輔（1995年生まれ）は、会社勤めをしながら好きな音楽を求めてライブハウスに通っているうち、こすけと知り合った。誘われて2023年9月に梅香コーポに転居した。「家賃は月2万1000円＋電気代」。清掃スタッフでは最も新しい。最近までこすけと一緒にパンクバンドを組み、ヴォーカルを担当。マイクを手に「不自由な暮らしから自由を絞り出せ」などと叫んでいた。まつりちゃんが主催した「ニューパライソ」に出演した。「梅香に引っ越してからクリエティブなことに関わるようになり、絵を描き始めた。柴原さんのような芸術大学の卒業生とも知り合った。これから絵や音楽などを通じて発信していきたい」と述べた。

　千鳥温泉から巣立った芸人もいる。講談師として独り立ちした旭堂南歩（1991年生まれ）である。大学時代は落語研究会に所属し、卒業後は会社員を経て東京NSC（吉本興行の養成所）に学び、漫才コンビとして活動した。思うところあり、講談師を志し、2019年、大阪を本拠地とする旭堂南左衛門に弟子入り。修業時代はアルバイトをしながら講談を学び、

梅香の風呂なしアパートに暮らし、千鳥温泉の清掃スタッフを務めた。21年に修業の年季明けを迎えた。これに伴い公演が増えて清掃スタッフを辞めたものの、その後も1年間ほど千鳥温泉の階上の千鳥ハイツに暮らした。

南歩は「銭湯のご縁で山ほどお仕事をいただいた。在阪の百貨店が銭湯とビールのイベントを行った際に司会を依頼され、多くの方々と知り合えた」と話した。そして梅香暮らしを回想して「芸人を目指す修業の際『食われへんかもしれん』と思うストレスは半端なかった。特にコロナ禍のとき、イベントが軒並み中止されて不安だった。そんな時、千鳥温泉に入浴し、勝五郎さん（桂の愛称）や清掃仲間と番台で話すと安心できた。実に貴重な時間だった。助けてもらった。梅香の暮らしは下積み期間の芸人にとても向いている」と言った。

第1回梅香創作紙芝居大会

青天だった2024年6月8日（土曜）。梅香3丁目にある四貫島住吉神社の境内を借りて、「第1回梅香創作紙芝居大会」が開かれた。入場無料。オリジナルの紙芝居を披露する催しで、千鳥温泉に関係する若者が10人近く参加した。司会進行（MC）はまつりちゃん。チラシの絵は嶋津の筆である。石川、杉井、柴原、嶋津らも手づくりの絵で紙芝居作品を出品した。芸術家ではない原川らは、かき氷の露店の運営を引き受けた。

中央に楠の木がそびえ、青や紫のアジサイが咲く境内で、爆笑や苦笑がはじけた。企画したこすけは「紙芝居は個性が出やすい。物語を考える。絵を描く。語る。誰でもできるだけに個性が際立つ」と狙いを述べた。

住吉神社宮司の岸本聡一郎（1994年生まれ）は同神社で生まれ育った。国学院大学を卒業後、藤井寺市の道明寺天満宮での修業を経て、3年前に帰って来た。「単なる神事だけでなく、地域の若い人たちが集える神社でありたいと願い、今回の紙芝居大会に協力した。2022年の『ニューパライソ』にも会場を貸した。これからの神社は地域コミュニティの中心になりたい。こすけくんとは同年配。今後もイベントを続けていく」と語った。

◆第1回梅香創作紙芝居大会　まつりちゃん（右）・こすけ（左）（四貫島住吉神社にて、2024年6月8日筆者撮影）

＊　　＊　　＊　　＊　　＊

　千鳥温泉に何度も足を運んで調査した筆者は主に3つのことを学んだ。1つには、公衆浴場が高齢者の寄り合いの場であることは衆目の一致するところだが、若者たちも他者と触れ合うことで勇気づけられているのだと分かった。2つには、公衆浴場が文化芸術のインキュベーター（孵化装置）になり得ることが浮き彫りになった。戦後間もなく、東京都豊島区のアパート「トキワ荘」から赤塚不二夫、石ノ森章太郎、藤子不二雄ら数多くの漫画家が育ったことから、行政は「第2のトキワ荘」づくりを目指しがちであるものの、官製による実現は難しく、自然発生的だからこそ興味深い。3つには、公衆浴場の経営を継続させていくためには、利用者の増加、行政の補助金などの支援、あるいは他業界からの経営者進出も大切である一方で、地域の住民らがボランティアとして公衆浴場の運営に参画することができる体制づくりが急がれると痛感した。古民家など歴史的建造物の場合、建築ファンや住民らが所有者を支援して建物の保存と活用に尽力する。公衆浴場の場合、一般の市民らが関わる余地が少ないように思える。公衆浴場が文化財と同様に公共財であると考えるならば、官民挙げた存続支援のありようが求められよう。

　「お風呂屋さん」には取り巻くコミュニティがあり、文化事業を行うスペースがある。何より公衆浴場はまちの真ん中に位置する。公衆浴場には大きな可能性が広がっている。（本節は、時事通信社の行政専門誌『地方行政』の2024年7月8日号と同年7月11日号に掲載した連載原稿をもとに加筆修正した）

	美しく時が流れ、
6.2	ひとが渡り住むところ「美流渡」
	山あいの豪雪地区に移住するアーティスト

宇田川 耕一

アートの力で過疎地の活性化を

　北海道の中心・札幌市から特急列車で約25分の距離に位置する岩見沢市及びその近郊は、かつて多くの炭鉱を抱え栄えた地域であり、また交通の要衝でもあったが、現在は過疎化、高齢化が進む地域となっている。

　この地域有数の産出量を誇った万字炭鉱から産出される石炭を輸送するために、1914年（大正3）に開業した23.8キロメートルの鉄道路線が万字線である。列車は現在の岩見沢駅を起点とし、室蘭本線の志文駅から万字線に入線していた。志文駅・上志文駅・朝日駅は岩見沢市、美流渡駅・万字駅・万字炭山駅は栗沢町（現・岩見沢市）に立地した。

　沿線には美流渡炭鉱や朝日炭鉱なども生まれた。その鉄道の中心地となって発展したのが岩見沢である。岩見沢－志文－上志文－朝日－美流渡－万字－万字炭山を結び栄華を誇った国鉄万字線だが、戦後のエネルギー革命によって炭鉱の閉山が相次ぐなかで残念ながら廃線となり、この地域は一気に過疎化が進んだ。岩見沢市の総人口は1995年に9万7042人とピークを迎えてからは減少に転じ、『岩見沢市人口ビジョン』に所収の国立社会保障・人口問題研究所による推計では、2040年には6万523人と、2010年の人口9万145人の3分の2程度にまでなるとされている。

　現在の岩見沢駅は、日本産業デザイン振興会による2009年度グッドデザイン大賞を受賞するなど駅舎は見事な建物ではあるが、駅前の広場には目立った大型商業施設は無く、アーケードもシャッター街という言葉どおり、気の毒なほどに閑散としている。そして、筆者の勤務する国立大学法人北海道教育大学岩見沢校は岩見沢駅から徒歩30分ほどに位置する。

このような過疎化が進む地域を、筆者が生業とするアートマネジメント、すなわち芸術の持つ力によってどのように活性化させることができるのだろうか。地方国立大学教員として、これは避けては通れない命題である。

編集者・來嶋路子との出会い

　「万字線プロジェクト」とは、筆者が2019年4月から2022年3月に粉骨砕身取り組んだ野心的な試みの略称である。北海道教育大学岩見沢校芸術・スポーツ文化学科による文化庁「大学における文化芸術推進事業」の「令和3年度〜5年度芸術教育プログラムを活用した地域と芸術をつなぐアートマネジメント人材育成事業　万字線プロジェクト」というのが正式な名称で、主な活動は、岩見沢市内の東部丘陵地帯に位置する栗沢町美流渡地区で実施した。その美流渡地区の人口推移を住民基本台帳で調べると、2010年618人、11年598人、12年559人、13年511人、14年465人と大幅な減少傾向が続いている。2019年3月には岩見沢市立美流渡小学校・中学校が同時に閉校となっている。

　では、なぜそのような過疎地を活動の拠点に選んだのか、きっかけは美流渡地区で「森の出版社ミチクル」という出版活動をしている編集者・來嶋路子との出会いであった。來嶋は後述する第1回日本アートマネジメント学会・学会賞を受賞した『いなかのほんね』の著者でもある。日本アートマネジメント学会第22回全国大会で北海道部会企画のフォーラム「地方に移住するアーティスト─MAYA MAXXを囲んで」（2020年12月11日実施）を開いた際、対談にゲストとして登壇していただいた。

　2019年6月に美流渡で出会ったときに、來嶋は私にこのように語った。「3月末に美流渡小中学校が閉校し、晴れの日も雪の日も仲良く登校していた子どもたちの姿は見られなくなってしまった。私の息子も2年間この小学校のお世話になった。生徒数は7名。アットホームな場所だったようで、あるとき、自分の人生でもっとも悲しい出来事が閉校だったと話し

てくれた。門に鎖がかけられ、窓ガラスに板が打ち付けられた校舎の様子は何とも切ない。閉校以来、この校舎が再び心のよりどころとなる道はないものだろうか」。

そこで筆者は來嶋を「万字線プロジェクトの企画立案に参加して欲しい」と誘った。「みる・とーぶ」という名前で、美流渡地区を含む岩見沢市の東部丘陵地域のPR活動を行ってきたことや、長年アート専門の編集者として活動してきた経験を生かしてもらえたらという思いがあった。

美流渡小中学校の校舎活用プラン

以下「万字線プロジェクト2019報告書」（北海道教育大学発行・関係者のみ配布）より、來嶋自身の執筆による美流渡小中学校の校舎活用プラン報告部分を中心に紹介する。

「プロジェクトの構想を宇田川教授から聞いたとき、美流渡小中学校の校舎活用プランを考えたいと提案した。子どもが通った学校を復活させたいという個人的な想いもあったが、閉校によって市街に引っ越しを余儀なくされた家族がいたり、地元住民と学校が連携してきた運動会や子ども神輿がなくなってしまったりと、過疎化に拍車をかける事態が起こっており、地域全体としても校舎活用は欠かせないと思ったからだ」（來嶋）。閉校は、人間に例えればこれからも続くと思われた人生の歩みを、不慮の事故や病気により突然絶たれたというのにも等しい。あまりに無念である。学校の場合は校舎が当面は無傷で残されるので、尚更、その思いは募る。

2019年7月13日、20日の2日間、JR岩見沢駅舎内センター（有明交流プラザ2階）という公共スペースで、市民公開型のワークショップを開催した。市民と学生が駅の構内でホワイトボードを前にディスカッションしている様子は、なかなか見られない光景であった。「ワークショップでは、学生と市民らが集まって校舎活用のアイデアを話し合った。近年、美流渡や近隣の地区には個性的な移住者が増えており、カフェやカレー屋、花のアトリエといった店舗が生まれ、さらには坐禅会やアフリカ太鼓、太

極拳など独自の教室も開かれていることから、この地域ならではのコンテンツを校舎に集めて展開してはどうかなどのプランがあがった」（來嶋）。

ワークショップ開催後、7月27日に実際に美流渡の閉校になった中学校の体育館を借用し、北海道教育大学岩見沢校主催のイベント『森の学校ミルトであそぼう』を開催した。地域住民も多数訪れ、学生たちが用意した手づくり体験コーナーは賑わった。また、地域の子どもたちも久しぶりに集まり、水鉄砲の的当てゲームなどを心ゆくまで楽しんだ。筆者の運営するアートマネジメント音楽研究室のゼミ学生他3年生8名が、約1週間と短い準備期間ではあったが、入念にプログラムを用意し体を張って実行した。

「印象的だったのは、学校近くに住む人が『久しぶりに子どもの賑やかな声が響いてうれしかった』と目を輝かせてくれたり、町会の人たちが、学生らが考えた校舎活用プランを知り『本当にこんな使い方ができたらいいね』と目を細めたりしてくれたことだった。何より学生が、この地域に関心を寄せてくれることこそが住民にとって喜びだったと思う。『この地域にはなんもない。こんなところになんで人が来るのか？』と、近年増えている移住者たちを不思議がる声もあるなかで、地域の魅力を再認識できる機会となったのではないだろうか」（來嶋）。

「こんなところになんで人が来るのか？」という声は、じつは学生たちからも遠慮がちにではあるが、筆者の耳に届いてはいた。

ただ、この言葉がその後『いなかのほんね』（2021年、中西出版）という書籍が出版される際のキャッチコピー「ハタチの学生が北海道の過疎地に住む人々にインタビュー『不便なところになぜ住むの？』」としてよみがえることを、当時の筆者は知る由もなかった。

MAYA MAXX が美流渡に来た！

來嶋は2020年時点では、東京から人口400人の集落・美流渡に移住して10年目を迎えていた。その來嶋とは20年来の仲である画家のMAYA

MAXXがその夏、美流渡に移住した。

　MAYA MAXXは1993年からこの名で制作活動を始めている。画家・イラストレーター・絵本作家と多彩な活動で知られ、フジテレビ系『ポンキッキーズ』やNHK教育テレビ『真剣10代しゃべり場』などテレビ番組にも数多く出演しているため、幅広い年齢層にファンが多い。筆者の自宅にも、幼い頃に娘が表紙の角をかじった跡のあるMAYAの絵本『ちゅっ ちゅっ』が本棚にあった。

　前述のフォーラム「地方に移住するアーティスト―MAYA MAXXを囲んで」（2020年12月実施）での発言から、その経緯を振り返ってみる。

　「來嶋さんとはこれまでも頻繁に会っていて、お互いに今何をしているか知っているような間柄だった。今治市出身で東京が活動の北限だった私は、2019年の冬に豪雪を見たいと思い美流渡の來嶋さんを訪ねた。その時に移住への歯車が動き出した」（MAYA）。空き家になっていた4軒続きの旧町営住宅（長屋）を一括で借りませんかと來嶋から打診されたMAYAは、もともと広いアトリエが欲しかったため、「いいよ、借りるよ」と返事し、直ちに改装工事を進めた。その後、2020年になって新型コロナウイルス感染症（COVID-19）が拡大し、当初は東京と美流渡とを行き来することを想定していたが、それがままならなくなった。

　ここで注目すべきは、MAYAが美流渡に創作拠点を構えようと考えたのは、コロナ禍が直接のきっかけではなく、その前であったということである。ただ、コロナの影響で東京での対外的な活動がほとんど中止に追い

◆ MAYA MAXXの美流渡アトリエで筆者とツーショット　　（写真提供：美流渡アトリエ）

6.2　美しく時が流れ、ひとが渡り住むところ「美流渡」

込まれ、自宅でひたすら絵を描く生活になった。

　もともと冒険好きで新しいことへのチャレンジで道を切り拓くタイプだ
という MAYA は「これを機に思い切って美流渡に移住して、大自然に囲
まれた広いアトリエで創作活動に打ち込んでみよう」と決意し、住民票も
岩見沢市に移したとのことであった。

移住者 MAYA MAXX が動いた

　MAYA は移住後、アートの力で賑わいづくりが出来ないかと、來嶋と
二人三脚で精力的に活動した。旧美流渡小学校や中学校の窓板に絵を描く
プロジェクトには、教育大学生も下塗り作業に参加した。そもそもの動機
としては、あまりに窓板が汚かったから、きれいにしようと思っただけだ
という。だが、外にどんどん絵が描かれていくと町民が気付いて「なにか
面白いことが始まるんじゃないかな」と、少しずつ関心を持ってくれる。

　後日、MAYA は筆者に「その期待感を肌で感じたのね。絵がああやっ
て描かれているだけで、人の心が集まってくるわけよ。ただ真っ白に塗っ
ているだけじゃ、前より綺麗になったかもしれないけれど、みなさんの気
持ちは寄ってこないじゃない。それが絵の力かなって感じている」としみ
じみと語った。MAYA はテレビ出演経験も豊富で、客観的な分析に基づ
く独自の見方を巧みに言葉で表現する。美流渡で活動するにあたって、
MAYA はさっそく「we Miruto」というオリジナルのコピーを描いた。

　2021 年 10 月 3 日〜 17 日に旧美流渡中学校で「みる・とーぶプロジェ
クト実行委員会」主催による「みんなと MAYA MAXX 展」というイベ
ントが開かれた。以下はその際の公開トークショー「みんなとアート、
みんなとスポーツ」での筆者の問いかけに対する、MAYA によるコピー
の説明である。当時編集局長をしていた北海道教育大学の学園情報誌
「HUE-LANDSCAPE」2022 年春・夏 No. 36 号から、筆者自身の取材・
執筆による巻頭特集より引用する。

　「自分達が自分達のためにやりたいからやるからこそ、みんなが集まっ

てくる。だから今回、『we Miruto』っていうコピーを描いたんですけど。

文字通り『we Miruto』、we の中には『私』が必ず入っているから。だから、私が私がと言わなくても、私が優れているとか威張らなくても、大丈夫。落ち着いて、私は私たちの中に必ずいると。『I』というのは一本の木みたいなもので、全体を見た時に林に見えたり森に見えたりするのが『we』なんですよ。それで行こうよっていうコンセプトなんですよ。だから、その『I』が一人ひとり、一種のオタクである必要がありますね。好きなものがあって、それをとにかく一生懸命にやっていれば、どんな苦しいことがあっても大丈夫、時間も忘れるくらいに熱中できます。だから、これからはオタクの時代でもありますよね」。

筆者がなぜ美流渡に惹かれたのか

では、ここで筆者自身の「I」について、前述の『いなかのほんね』に書いた「われらのほんね」から以下に抜粋する。

——芸術やスポーツには、人の心を揺さぶるような大きな力がある。私は教員になる前は、毎日新聞社で広告事業本部というセクションに長く所属していた。新聞社主催の様々な文化・スポーツ事業に係わるなかで、そのことを痛感する機会が多かった。一方で、芸術やスポーツのイベントに携わる、企業や団体の担当者の多くが、その部署に所属になってから初めて、仕事を通して独学でノウハウを身につけていることを知った。思えばその頃から、大学にもそれに対応する学部や学科があれば良いのにと漠然と感じてはいた。

元々経営学に興味があり、ピーター・F・ドラッカーの『マネジメント』等を読んでいた私は、不惑の40歳を機に、働きながら社会人大学院の老舗、多摩大学大学院の MBA（経営学修士）コースに通った。丁度役職に就く頃で、予めマネジメントを学んでおこうと思ったのである。

入学前は、勤務している新聞社の経営について研究しようと考えてい

た。ところが、入試面接の自由課題に、趣味で調べていたオーケストラ指揮者の事を書いたら、これはとても面白いからこちらを研究テーマにしなさいと、教員に勧められた。

　こうして、オーケストラ指揮者と企業経営者とを比較考察するという、極めて珍しい研究分野を開拓することになった私は、会社でも部長職となりマネジメントをしながらも、研究の面白さに取りつかれ、ついには博士課程に進み学位を取得した。

　そんな変わった経歴が目に止まったのか声がかかり、アートマネジメントを担当する教員として、岩見沢校の芸術・スポーツビジネス専攻教員にキャリアチェンジすることになったのである。気がついたら『五十にして天命を知る』を超え、51歳になっていた——。

　つまり、筆者自身がMAYAのいうところの相当なオタクであった。だから美流渡に惹かれたのかもしれない。その後、大学教員として10年以上勤務してきたが、学生と接していると未だに自分自身がチャレンジャーであることを感じる機会は多い。

選ばれし移住者が集まるところ

　美流渡在住のMAYA MAXXや來嶋路子と、岩見沢市内の大学に勤務する筆者とでは、活動する個々の場面こそ違うかもしれないが、同じ岩見沢市が舞台でもあり、「アートで地域に賑わいを」という目指す方向性自体は、それほど違わないと勝手に思っている。

　では、フィールドワークを極めるために筆者自身が美流渡に移住するという選択肢はあるのか。それは無理であろうと率直に感じている。東京の下町・葛飾区に生まれ千葉の市川市で育ち、千代田区神保町の明治大学に通い、すぐ近所の竹橋の毎日新聞東京本社に約20年、地方勤務も福岡総局2年、残りは札幌中心部の北海道支社と、キャリアのほぼ全てをいわゆる都市部で過ごしてきた。教員になってからも空知地区の中核都市である岩見沢市にさえ住まず、岩見沢校へも札幌から遠距離通勤している。

來嶋が指摘する「近年増えている移住者たちを不思議がる声もある」というのは、当初筆者も同様に感じていた。近所には大型商業施設はもちろん、コンビニエンスストアにさえ、車でしばらく走らなければ到着しない。そして、何よりも冬は道内でも有数の豪雪地帯で、景観は白一色に染まる。都会の利便性に飼い慣らされてしまった筆者とその家族には、到底太刀打ちできる場所ではないと思っている（あくまでも個人の感想である）。

数えきれないほど美流渡に足を運んだ筆者は、そこで出会った移住者たちにある共通点を見出していた。それは、程度の違いこそあれ、ロビンソン・クルーソーのようなサバイバル術と、エジソンのような発明力を併せ持っているという特長である。サバイバル術はもはや説明不要だが、エジソンのような発明力とは「天才は1％のひらめきと99％の汗」という彼の名言通り、ひらめきはもちろんだが、思い立ったらすぐに実行するという行動力をも指している。

來嶋は「美流渡にはフッと心が軽くなるような、不思議な空気が流れている。土地に呼ばれたとしか思えないという移住者も多い」という。筆者も美流渡に行くそのたびに、明らかに空気が変わるのを感じる。ただ、今までに数多くの大学生たちを大学所有の大型バスに載せて連れて行ったが、必ずしも全員がそのように感じるわけではなく、どうやら筆者のゼミに入るようなアート志向の強い学生から、同様の感想を聴くことが多いようである。美流渡の移住者たちにアーティストが多いのは、その空気がかれらの潜在的な創作意欲を呼び覚ますからなのかもしれない。

移住したアーティストの言葉

さて、「美しく時が流れ、ひとが渡り住むところ『美流渡』　山あいの豪雪地区に移住するアーティスト」というタイトルでここまで書いてきたが、そろそろ紙幅が尽きてきた。「移住したアーティストMAYA MAXX」との対話で筆者が特に共感したフレーズを、最後にいくつか紹介する。

「東京だといろいろなものが一言でいうと『遠い』。たとえばこんな木材が欲しいと思っても、それを手に入れるまでが一苦労である。美流渡では、身近に自然の素材がたくさんあって、製材する人も近くに居て木材を譲ってくれたりする。何もかもが『近い』、それが美流渡のよいところ」。

　MAYAとの対話でハッとさせられたのは「我々の職業は、初めてのことをワクワクしながら取り組んでいるか、そういった作者の姿勢が画面に出てしまう」というひとことである。

　MAYAはいわゆる下絵を描かない。それは、いい加減に筆を運んでいるわけではなく、徹底的に自分を追い込んだ末に舞い降りてくる直感に従って、研ぎ澄まされた筆致で直接キャンパスや画材に絵の具を塗っていく。だから、どのような作品になるのか、自分でも出来上がりを見るまではわからないという。人物の場合は「目」を真っ先に書く。するとその目が自然に自分の姿について語りかけてくる。それを描きモティーフと対話を重ねながら作品に仕上げる。

　MAYAほどの実績があれば、自分の「型」を決めてそれに従って創作すれば良いのではと問うたが、「それでは成長しないし、何よりぜんぜん面白くない」と断言し、筆者はそれに大いに共感した。

　MAYA MAXX氏は2025年1月9日に肺がんのため63歳で逝去されました。謹んでご冥福をお祈りいたします。

6.3 貞山運河と小屋めぐり
貞山運河倶楽部の活動から

新川 達郎

貞山運河、貞山運河倶楽部、小屋めぐり、
そして水・環境ネット東北のかかわり

　貞山運河あるいは貞山堀は、宮城県の太平洋岸に掘削された運河であり、江戸時代初期に開削が始まったことから、明治期になって、伊達政宗の号である貞山を冠して名づけられた。江戸期には、木曳堀、舟入堀が開削され、明治初めには新堀ができて、阿武隈川河口から松島湾（塩釜）まで仙台湾の海岸にそって開削された。その後延伸されて北上し、仙台市の地域から石巻の北上川までを結んで、この地域の舟運の担い手となった。江戸期には木材やコメ、そして明治以降は通舟としても活躍したという。

　貞山運河がある仙台市宮城野区岡田新浜地区周辺には10軒ほどの小屋が点在している。伊東豊雄や川俣正の作品もあり、若手芸術家による工夫を凝らしたものもある。東日本大震災で壊滅的な被害を受けた貞山運河とその周辺地域の復興と、地域への関心を甦らせようと、地元の貞山運河倶楽部の面々が尽力したものでもある。小屋づくりだけではなく、なかで陶芸教室をしたり、運河では木造和船の櫓漕ぎ体験やいかだを浮かべたり、馬船を渡したり、隣の畑で料理を提供したりと、活発に活動している。

　私たち特定非営利活動法人水・環境ネット東北（代表理事新川達郎）は、東日本大震災以前から、東北の川や水辺の保全を目指し、河川の観察や清掃活動、地域の河川環境活動団体との交流、行政への提案など様々な水環境にかかわる活動をしてきた。その一環として、貞山運河の保全と活用にもかかわって活動をしてきたが、地域の団体の方々と資料を集めたり、運河めぐりをしたり、活用計画を立てたりといった活動にとどまっていた。

そのさなかで発生した東日本大震災によって地域の景観は一変した。運河は何とか復旧されることになったが、運河周辺は多く災害危険区域に指定され、人の住まない地域が増えている。そこに人々の記憶を呼び覚まし、また新たな関心を集めようと、小屋の建設と小屋めぐりが始まった。この活動を始めた貞山運河倶楽部の方々と水・環境ネット東北は、事業の協力や事務の支援などを通じて協働を進めている。

災害とメモリアル文化施設のこれまで

ところで、大災害の後には、犠牲者の慰霊や災害の記憶を残す施設が石碑や銘板の形で残されることも多い。これらは古くから津波の常襲地域であった東北太平洋岸では多く残されている。貞山運河倶楽部の小屋めぐりも形を変えた災害と復興のメモリアルといえよう。実際、2011年東日本大震災の被害は、特に津波によるところが大きく、東北太平洋岸では、極めて甚大であった。津波のために多くの人命が失われ、街並みが破壊され、自然景観が一変した。こうした震災の被災を慰霊し、記憶を残し、津波によって一掃されたかに見える地域の歴史や文化を残していこうと、モニュメントあるいは震災遺構を残し、博物館などの施設が建設されている。また、建築物だけではなく、公園として整備をすることも進んでいる。

震災の記憶を残そうとする一連の活動には、慰霊碑の建立や、震災や津波に関する伝承看板、残された棟屋などを保存した震災遺構がある。その類型の1つとしては、鎮魂を祈念するものがあるが、それも多様であり、数としては津波の石碑が多く、また慰霊碑やそのモニュメントも数多い。津波到達点を示す看板も数多く設置されている。もう1つの類型は、地震にあい、津波に洗われた地域において、その家屋や公共施設などを、遺構として残し、さらには被災を記憶する施設として整備するといった試みである。震災や津波に生き残ったホテルや神社、倉庫、住居、時計台、小中学校施設などが残されている。これらの災害を記憶する施設や鎮魂の碑は、これまでの大災害でもつくられてきている。最近のものとしては、長

崎県雲仙普賢岳の噴火の災害に関してつくられた雲仙岳災害祈念館や関連する展示を持つ長崎歴史文化博物館がよく知られている。

　これらの施設のなかには、地域の暮らしや歴史、文化を残そうとするものも多い。雲仙では火砕流によって根こそぎにされた地域の歴史や文化を残そうとしてきたし、東日本大震災後に設けられた文化施設は、東北太平洋岸の4県に多数あり、災害の様相を伝えるとともに、地域の暮らしや文物を収集し、再現して展示している。今回紹介する地域の近くにも、仙台市の震災遺構として荒浜小学校が残されたし、仙台地下鉄東西線荒井駅構内には「せんだい3.11メモリアル交流館」が新たに設けられて、震災と津波の様子、海岸地域の暮らしなどを伝えている。もちろん災害の性質上、写真や動画映像による説明が多くなっている。

小屋と小屋めぐり

　それでは、貞山運河倶楽部はなぜ小屋に注目し、小屋めぐりをはじめたのか。その背景には、もちろん大災害を経た貞山運河の記憶を取り戻し、多くの人々に貞山運河やその地域への共感を生みたいという思いが強い。そのための手立てとして小屋と小屋めぐりが発想された。その経緯は後述するとして、なぜ小屋だったのか。小屋は、一般的な理解では、仮の建物や粗末なもの、あるいは小規模な家とされることが多い。農家の作業小屋、牛小屋、馬小屋、犬小屋、漁師小屋、山小屋、昔の見世物小屋などが思い浮かぶ。作業道具や資材の置き場であり、動物の住まい、また仮設の劇場になり、さらに住まいに代わるような仮の宿泊施設にもなる。

　その一方では、小屋にデザインの粋を集めた建築家たちがいる。ル・コルビュジエによる「小さな家（湖の家）」は、簡素なつくりのなかに快適に暮らせる機能を備えていて、1923・24年の建築であるがいまだに訪れる人も多いという。磯崎新の「鳥小屋（トリー・ハウス）」は、1982年に建てられた独立した小屋で4畳半の書斎であるがそのデザインの秀逸さからワタリウム美術館の一部となって公開されている。そのほかにも隈研吾

が監修した「小屋のワ」や、中村好文の小屋もよく知られている。巨大な構造を持つ建築物ではなく、狭隘な空間に限定された建築デザインを追求することは、ポストモダンの建築運動ともかかわって、多くの建築家の挑戦の格好の的となっているようである。

　こうした小屋に関心を持つ人がそれぞれの関心範囲に応じて訪問するのは当たり前であるが、この小屋めぐりを観光や文化への注目としてイベント化した例もある。岸和田市のだんじり祭りは著名であるが、そのだんじりを保管する地車小屋めぐりが地元の観光協会で案内されている。お祭りの直前にだんじりの小屋めぐりを企画して盛り上げようというのである。貞山運河小屋めぐりは、通年型のイベントであるが、こうした個人的な関心を広げ、継続的に地域のことを知ってもらおうという試みである。

貞山運河倶楽部と小屋の発想

　貞山運河倶楽部は、震災からの復興が一段落しようとする2019年、地域の活性化と地域の魅力創出に貢献するべく設立された。その活動には、新浜地区、荒浜地区、井土・藤塚地区の3つのプロジェクトがあり、小屋めぐりは新浜プロジェクトの一環として実現された。新浜地区は、住宅再建が進められたが、人口は震災前の3分の1に減った地域でもある。

　小屋づくりの起こりの1つは、新浜地区に移設された地域の集会施設「みんなの家」にある。伊東豊雄らの設計による「みんなの家」のプロジェクトは、被災後の地域に拠り所をつくろうとするものであり、その後これは全国に展開するきっかけになっていった。初めは東日本大震災直後に仙台市内の避難のための仮設住宅に小さな家が設けられた。そしてその住民たちが多く帰還した新浜地区に2016年に解体移築されることになった。「新浜みんなの家」には、すぐ隣に「みんなの畑」という市民農園、そしてその資材など物置小屋である「みんなの畑の小屋」がつくられた。

　もう1つは、せんだいメディアテークが展開してきたアーティストによる地域づくりの試みである。新浜地区には、その一環でもあるが、2017

年以来、川俣正による仙台インプログレスと称される長期プロジェクトが進んでいる。新浜地区では、その一環として、川俣による「みんなの橋（舟橋）」、「みんなの木道」、「新浜タワー」などが設けられてきた。これらをきっかけにして、貞山運河倶楽部では、せんだいメディアテークを通じて若手アーティストに小屋づくりなどを依頼してきている。2022年には、小屋は6軒であったものが、2024年には8軒になっている。

　貞山運河倶楽部代表の上原啓五によれば、そもそもの発想は、「農地には（作業のための）小屋がある」のが当たり前だというところから、そして同時に小屋の持つ魅力や良さを多くの建築家が認めて「ル・コルビュジエや磯崎新も小屋づくりをしてきた」ことをヒントに、自分たちでも農作業にかかわる小屋づくりをするとともに、若手アーティストに依頼して小屋づくりを進めてきたとのことである。

小屋づくりから小屋めぐりへ

　それでは実際に、筆者が参加した「新浜貞山運河小屋めぐり」の様子を紹介したい。2024年5月19日に、快晴のなかで実施された小屋めぐりは、大変な盛況であった。筆者は、小屋めぐりの一行とは別に、代表の上原に個別に案内いただくことができた。集合場所は、もちろん「新浜みんなの家」である。木造平屋の簡素な、しかし集会施設としては十分な広さを持った姿の良い建物である。ただし、小屋というにはやや立派かもしれない。土間と畳の間があり、テーブルやいすも配置され、流しやトイレも整っている。この施設は地域住民によって日常的に利用され管理されている。

　小屋らしい小屋はその隣にある「みんなの畑の小屋」である。これは上原と黒田清志が建てたもので、本当に農作業のための道具置き場、物置のような小屋であり、手作り感満載の小屋である。農作業の必要から建てられた、いわば実用1点張りの施設であるが、同時に、雨露をしのぎ道具類を保管しておくにはその限りで機能的で、美醜の感覚とは縁遠い施設であり、生活に根差した感覚が甦る。この小屋の価値は、それが立ってい

◆上原啓五氏・黒田清志氏が建てた「みんなの畑の小屋」(左)、◆和田伸太郎氏とアトリエサタチらが建てた遠藤源一郎氏が営む「環境農園の竹林小屋」(右)(ともに筆者撮影)

る「みんなの畑」という市民農園があることと併せて考えなければならない。訪問した当日は、日曜日ということもあって、多くの市民が作業に精を出していた。野菜が中心であるが、ハーブ類も栽培していた。

　隣接してある小屋は、副代表の遠藤源一郎が営む「環境農園の竹林小屋」である。和田伸太郎とアトリエサタチの皆さんによる作品である。竹林のなかにあって、タケノコが毎年とれる場所でもある。こちらも農作業用の物置的な小屋であるが、面白いのは小屋の壁にたくさんの小さな窓があり、窓を開くと子どもたちが描いた絵が目に入る。なぜか、ちいさな扉をつけて、一見したところは青い壁だけに見える。遠藤は自然環境に関心が深い人で、仙台市にある旧八木山動物園(現在、八木山動物公園フジサキの杜)の園長も務め、震災でいなくなった地元のメダカの復活を試みる活動を続けながら、環境を大切にした農業を進めている。この小屋の近くには、小屋めぐりのメニューには載っていないが、藁で作った小さな「土蜘蛛の小屋」があり、映像作家の佐藤貴宏の作品である。

　「環境農園の竹林小屋」から、かさ上げ道路を越えて南東に少し歩いた田畑(ここも遠藤の有機栽培のお米や野菜づくりの農場)の道路沿いに立っているのが、「盆谷地の小屋」である。せんだいメディアテークなどでも活躍するアーティストの佐々瞬の作品で、その佐々自身が、小屋めぐりのガイドもされている。「盆谷地の小屋」は、枠組みだけの作りであるが、そのなかには看板があり、ここに陶芸窯をつくり、新浜の土で、陶芸教室

のように陶芸作品を作りたいと控えめに記され、少しだけ器が置いてある。盆谷地はこの地域の地名であるが、底がお盆のように広い谷のような土地を言うことが多い。この小屋がどんなになっていくのか楽しみである。

さらに南に向かって道なりに進むと三角屋根とその間を板の間が長く伸びる特徴的な建物が現れる。建築ダウナーズというクリエーターのグループによる施設である。プラットフォームと名付けられ、みんなが立ったり座ったりできる板の間が、居場所を提供しているように見える。

その隣の角地にある三角テラスはユニークである。三角形の床を木組で作り、柱を4本立てて、その上端を丸太でつないだだけの簡単なつくりである。上原啓五と黒田清志の作品である。素朴で簡素であるが、角地に対して三角テラスの床の底辺が角に正対して、道路角の対角線上遠いところにテラスの先端が来ている。面白い構図で、逆になっていることで、この場所にはまっている感じがする。この近くには、竹のような骨組みだけで竪穴式住居風にした小屋があるが、小屋めぐりには載っていない。

三角テラスの角を東に曲がって少し行くと、佐々瞬の作品「小屋のような田んぼ」が見える。元は8本ほどの丸太を柱に建てて、それをつなぎ、藁などの屋根を乗せた作りになっていたという。上原によれば、重さで建物を支えていた藁の屋根を取り除いたため、強風で倒れてしまったという。丸太と藁屋根の材料がそのまま折り重なるように崩れ落ちていて、これも小屋の運命かもしれないと思いながら、しかしあえて直そうとしていない（できない？）のも面白く思って眺めていた。

さらに少し東に進むと「澤口さんの小屋」がある。小屋の最後は、いわば正当な小屋であり、農作業用あるいは漁労用の道具類、資材などがしっかりと収められそうな小屋である。実際には、道具類が入りきれないで回りにいろんなものが置いてあるが、これも風情となっている。

ここからは小屋めぐりではなく、貞山運河倶楽部が環境保全にも取り組んでいることをしめす施設である。「澤口さんの小屋」をさらに東に進んで北上すると、住民団体のカントリーパーク新浜が設置したビオトープが

ある。この土地の動植物が安定して暮らす場所が、狭いながらもつくられている。その近辺では環境配慮型の米作りも進んでいるという。

最後の2つは川俣正作品である。1つは、木道であり、貞山運河の土手から内陸側に伸びて、途中で二股に分かれている。もっと伸ばす予定だったが新浜タワーの建造を優先させ、また環境配慮の観点からも、現状にとどまっているという。そして最後が新浜タワーである。上が展望台になっている木造の塔であり、丸太をたくさん立てて並べ、円形にしてある。内部にある階段を上がると貞山運河と太平洋が見張らせる展望台である。木道やタワーは、仙台インプログレスの作品でもあるが、小屋めぐりに組み込まれている。川俣作品は水辺の造形であるが、様々に議論され紹介されているのでこれ以上は触れない。このほかにも、馬船や和船を渡した渡船場、また運河に浮かべたいかだなど、かつてのイベントで活躍した道具立てもあるが、現在は水面にこれらはない。

3時間ほどの小屋めぐりを終えると、「みんなの畑の小屋」のそばで、お団子をふるまっていた。また、畑でとれた野菜類を頒布していた。みんなも楽しい半日を過ごすことができたようだ。

新浜におけるアート、小屋づくり、小屋めぐりの地域的な価値

伊東豊雄らによる「新浜みんなの家」をはじめとして若手アーティストたちによる小屋の作品、そして川俣正によるアート作品は、いわゆるパブリックアートとしての価値を持つ文化的構築物である。野外に置かれ、しかも多くの人々に自由に鑑賞してもらえるアート作品なのである。そしてこれらが田園地帯であり運河に特徴づけられ、しかも大震災と大津波に被災した新浜地区内に、歩ける距離で設置されていったことの意味は大きい。これらがそれぞれに芸術的作品としてどのように評価されるのかは、おそらく議論は分かれるのももっともであるが、ともあれ、議論を起こす芸術の力があることは間違いないであろう。

新浜地区において小屋が持つこのような芸術性あるいは文化財としての

特質は、せんだいメディアテークのプロジェクトとして位置づけられ、若手を含めて多くの芸術家たちを引き付けてきたことによる。それには2017年から活動を重ね続けてきたことの効果も大きい。

　その一方では、小屋めぐりのなかで作られた昔ながらの掘っ立て小屋的な作業小屋は、どのような評価になるのであろうか。少なくとも8つの小屋のうち、いくつかは作業小屋や資材小屋といってもよい。しかしこれらの小屋にも、文化的価値はあるように思える。建物自体には何の工夫も感じられないが、それが持つ実用の力は大きく、生活を感じさせる力がある。生活文化とか民衆文化と呼ばれる領域の持つ文化の力、そしてそのなかに芸術性が感じられないだろうか。

　こうした小屋づくりと小屋めぐりは、新浜地区や貞山運河周辺の地域やそこにかかわる人々に何をもたらしているのであろうか。それはおそらく、せんだいメディアテークやアーティストたちがもたらす芸術や文化による力と同じものを、貞山運河と新浜地区が、自らの存在意義である文化力や芸術性として自分たち自身の地域のなかに見出していることにあるのではないだろうか。地域への関心を高め、地域の活性化を目指す活動は、小屋めぐりのなかに、単に存在する小屋を超えた文化や芸術の力がもたらすものを新たな地域づくりの主軸としてとらえることになっている。

貞山運河そして水辺が持つ文化力に学ぶ

　貞山運河倶楽部の上原らが小屋づくりを考え、小屋めぐりを考えついたことの意味は、貞山運河倶楽部というキーワードから考えるともっと大きな意味があるように思える。文化財としての小屋の発想だけであれば、震災復興と伊東豊雄らの作品で終わっていたはずである。津波で流された地域の復興に芸術作品が大きな力をもたらすことは間違いない。

　しかしこの地域には別のもう1つ大きな文化の力がある。それは貞山運河である。伊達政宗以来の歴史と文化を背負い、近代以降も生き延びてきた貞山運河が持っているある種の文化力には底知れないものがある。

貞山運河倶楽部は、東日本大震災後の貞山運河や周辺の復旧のなかで、市民のなかから、自発的に生まれた運動である。そこには、伊東豊雄による集会所や川俣正の作品、若手アーティストたちの作品もを含めて 10 数か所の小屋などがある。彼ら彼女らの力も大きい。しかし、仙台市の海岸地域が、農業や一部漁業を中心に歴史的に培ってきた生活文化が背景にはある。それらが貞山運河に集約されて表れているのではないか。

　震災後は、基本的には災害危険区域に指定され、事業用の土地利用はあるが、多くは住宅地としてつかえない。それにもかかわらず多くの人々が貞山運河にかかわり、その価値を高めるべく努力をしているのである。小さな運動だが、「新浜貞山運河小屋めぐり」は、貞山運河が持つ 400 年近い歴史に培われた文化力を引き継ごうとしており、意識的であれ、無意識にであれ、共感する多くの人々の力を引き出し続けている。

　私たち水・環境ネット東北が水辺や河川に惹かれるのも、単に大自然の持つ力を感じているだけではない。その自然とともに生きてきた人々の営みの積み重ねに大きな意味を感じているのである。貞山運河はそれを最もわかりやすい形で私たちに示してくれている。生活や経済などの機能については既にすたれてしまっているが、それにも関わらず、この水辺に人々は集い新たな文化的な営みを作り出そうとしているのである。

　貞山運河と小屋めぐりの活動は、現代的には無駄に見えるかもしれない貞山運河がもっている歴史や文化の力を改めて認識させることになった。明治期に入って伊達政宗の号をとった掘割という意味ではなく、400 年近くの歴史を貞山運河とともに重ねてきた地域の人々の暮らしの積み重ねとそこから生まれる水と暮らしの文化にこそ、大きな意味がある。そして大震災と大津波を経験して、改めてそれを現代に甦らせようという営みが、貞山運河倶楽部の活動なのではないだろうか。

	公立文化施設は地域の輝く星になれるか
6.4	**劇場キラリ☆ふじみの 20 年**

岸　正人

公立劇場：キラリ☆ふじみ

　2022 年 11 月、秋晴れの空の下、富士見市民文化会館キラリふじみ（愛称：キラリ☆ふじみ）で、開館 20 周年記念式典が指定管理者である公益財団法人キラリ財団主催により開催された。コロナ禍にもかかわらず、歴代の芸術監督を含む舞台芸術関連を始め、自治体、地域文化団体、市民等、多くの関係者が集った。主催、来賓の挨拶に続き、これまで開催した公演等の事業が映像にて紹介され、記念ピアノリサイタルが同時開催された。晴れやかな雰囲気のなか、施設内では市民文化祭の展示等も開催され、来場者がそこここで和やかに談笑する姿が見られた。

　筆者は、複数の公立文化施設の開設準備や運営に携わり、現在は約 1300 館を会員とする統括組織である公益社団法人全国公立文化施設協会で事務局長を務めている。様々な施設を訪れるなかで、地域に対して多彩な価値を提供できている施設には、何が背景にあるのかを考えさせられてきた。

　キラリ☆ふじみは、埼玉県富士見市にある公立文化施設、いわゆる劇場、音楽堂等で、多様な舞台公演に対応できる固定 802 席のメインホール、稼働 255 席の多目的なマルチホール、展示関連施設（展示・会議室、展示室、アトリエ）と練習に適したスタジオ等が、中央広場であるカスケードと水をたたえたラグーンを囲むように配置され、約 150 台収容の駐車場が隣接している。市役所と図書館、体育館が隣接し、道路を挟んで、2015 年 4 月に開館した大型ショッピングモールららぽーと富士見があり、併せて一帯のにぎわいを形成している。

　富士見市は、県の南西部に位置し、人口は約 11 万（2024 年 6 月）。三

◆富士見市民文化会館キラリ☆ふじみ
(写真提供：公益財団法人キラリ財団)

村合併を経て、1972年に市制を施行。いわゆる埼玉都民が移り住んでベッドタウン化した。東京都心からは約30キロメートル、池袋から東武東上線で施設最寄り駅となる鶴瀬駅まで約30分。駅から施設までは、バスで約10〜15分、徒歩だと約25分。道筋は一本道で歩いてもほぼ平地なので苦にはならない。住所の大字鶴馬1803番地1が示すように畑や農地が残るなかに木立や住宅等の建物が点在し、東京近郊とは思えないのどかな風景が広がっている。

公立文化施設：劇場、音楽堂等の現状と経緯

キラリ☆ふじみと同様の自治体が設置した劇場、音楽堂等は、文部科学省の社会教育調査（2021年度）では、1832施設（300席以上）。市町村数が1718（2023年）なので、一自治体に一施設は存在する。当協会の会長、野村萬斎の言葉を借りれば、全国津々浦々にあまねく広がっている。

戦後に集会施設として設置され、公の施設として自治体（職員）により管理運営されてきた。高度経済成長期を迎え、地域の文化活動への関心の高まりや行政の文化への関与を受けて、また国からの起債等の予算措置への後押しもあり、建設が右肩上がりに増加していった。設置条例の変遷を見ると、当初は「市民の集会その他各種行事の用に供する」等から、「市民生活の向上と福祉の増進並びに社会教育の振興を図る」等を経て、「芸術文化の創造と振興を図る」等と時代により変化し、最近では、「文化芸術」の表記が入ることも多くなっている。併せて、予算執行の自由度や舞

台芸術の専門性から、管理運営が自治体出資の公益法人に移行していった。

　その後、小泉内閣の民間活力導入の一環として、2003年、地方自治法244条の2の改正により指定管理者制度が創設され、文教施設、体育館、公園、駐輪場など公の施設の管理の代行について民間参入が認められ、直営か、指定管理かを選択することとなった。

劇場法と事業

　国では、2012年に「劇場、音楽堂等の活性化に関する法律（劇場法）」が制定された。制定にあたって「文化施設における文化芸術活動は、多くの場合は、貸館公演が中心になっている」とし、「主な課題」として、「文化施設の劇場、音楽堂等としての機能が十分に発揮されていない」とした。

　前文では、「劇場、音楽堂等は、文化芸術を継承し、創造し、及び発信する場であり、人々が集い、人々に感動と希望をもたらし、人々の創造性を育み、人々が共に生きる絆を形成するための地域の文化拠点である」とし、「新しい広場として、地域コミュニティの創造と再生を通じて、地域の発展を支える機能も期待されている」、「国際文化交流の円滑化を図り、国際社会の発展に寄与する『世界への窓』になることが望まれる」、そして、「国民の生活においていわば公共財ともいうべき存在である」とした。

　制定にあたっては舞台芸術関係者を中心に様々な意見や議論があったが、演劇や舞踊、音楽等の愛好者が集う場所との一元的な捉えられ方から大きく社会的な位置づけ（公共財）として、規定された意義は大きい。

　さらに具体的な事業として、「公演を企画し、又は行う」、「公演又は発表を行う者の利用に供する」、「普及啓発を行う」、「他の劇場、音楽堂等その他の関係機関等と連携した取組」、「国際的な交流」、「実演芸術に関する調査研究、資料の収集及び情報の提供」、「事業の実施に必要な人材の養成」、「地域社会の絆の維持及び強化を図るとともに、共生社会の実現に資するための事業」の8項目があげられている。

　劇場法及びその指針を受けて、所管する文化庁では、劇場、音楽堂等に

対する支援策（補助金等）の体系的な整備を行い、活性化を促した。

　以前、図書館関係者から「劇場は興行で儲かっているのでは」と問われたことがある。公立劇場の事業の多くは一定の入場料収入はあるものの決して儲かってはいない。元々、価格を地域に向けて廉価に設定しているうえ、体験的ワークショップや障害者や外国人等に社会参加を促す様な共生社会に向けた事業は手間がかかる上に、収益性は限られる。また、照明や舞台機構等の重機器設備を備え、継続的に一定の維持管理費も発生する。

指定管理者制度

　一方で、指定管理者制度は、他の文化施設である図書館や博物館・美術館よりも導入が進み、現在では約6割（社会教育調査）が指定管理者による管理運営となっている（小規模施設は直営が多い）。

　指定管理を行う場合、期間を定め（多くの場合は5年間）、運営者を公募若しくは非公募で選定する。応募者は、設置者が定めた仕様書に基づき、管理運営や事業の計画と管理費（含む人件費）や事業費の予算案を提出し、選定委員会の審査を経て、最終的には議会の承認により決定する。全体では、自治体が出資した公益法人等が約半数、他は全国展開の文化関係や舞台技術関係、地元のマスコミやビル管理等の民間企業、そしてそれらの合弁、アート系NPOなど、様々な担い手が指定管理者となっている。

　課題として、本来は、民間が有するノウハウを活用することで、住民サービスの質の向上を図り、設置目的を効果的に達成することを目指したにも関わらず、折からの自治体の財政難に伴い管理運営経費の削減に重点が置かれ、低予算先が評価選択されるなど短期的なコンスダウンの追求に陥る例が散見される。結果、中長期的な事業計画や公益的な事業展開が阻害される、次期の継続保証がないことから非正規雇用が増加し官製ワーキングプアを生み出みだす等の弊害が生じ、運営現場が疲弊し、本来の設置目的や施設使命が十分に果たせていない状況が発生している。

キラリ☆ふじみの事業

開館時のこけら落としは、北川睦子等による「ピアノ・ヴァイオリンジョイントコンサート」。併せて、市ゆかりの美術と写真の展示がなされている。引き続き、劇団四季ファミリーミュージカル、演劇集団円・こどもステージ、人形劇、市民芸能大会、郷土芸能「お囃子の祭典」、邦楽、ウィーン・リング・アンサンブルの「ニューイヤー・コンサート」、プレ事業からの平田オリザの演劇体験ワークショップと発表会、市民展示等、そして、井上ひさし（劇作家・演出家）、岸田今日子（俳優）、加藤健一（俳優）によるトークや公演が目を引く。2003年度の事業数は43事業。翌年度38事業と、規模の大小や公演、展示、ワークショップ等と幅もあり一概には比較できないがかなりの事業数である。

以後も評価の高い新劇系や若手の小劇場系や子ども向け公演、クラシックコンサート、ポピュラー音楽のライブ、能や落語等の伝統芸能、市民展示、舞台関係のワークショップ等と多彩な事業を積極的に展開している。強いて他との違いをあげるなら、大型の商業演劇やヒット中の歌手によるコンサートなどの招へい（買い）公演はない。現在では、「公演（創造）事業」、「教育普及事業」、「市民交流・支援事業」の3つを柱とし、それぞれに有機的な繋がりを持たせながら事業を総合的に展開している。

さらに特徴と言えるのは、アーティスティックな面を担う「芸術監督制」が続いていること。初代の平田オリザ（劇作家・演出家）に始まり、以降公募選定により、生田萬（劇作家・演出家）、多田淳之介（演出家）、白神ももこ（振付家・演出家・ダンサー）・田上豊（劇作家・演出家）と続き、現在は白神が2期目を務めている。

公立劇場の芸術監督制（演劇・舞踊）は、1990年に開館した茨城県の水戸芸術館の松本小四郎（評論家）、1997年開館の世田谷パブリックシアターの佐藤信（劇作家・演出家）等に始まり、代を継いでいる施設もあるが、途絶えたところもあり、現在は10館前後となっている。

2004 年には、一般財団法人地域創造と複数の公共ホールの連携による公共ホール演劇製作ネットワーク事業として、「天の煙」（作：松田正隆、演出：平田オリザ）を企画制作し、全国 8 都市でツアー公演がなされるなど、劇場自らが新しい作品を生み出し、全国に向けて発信している。これらの活動により 2007 年に地域における創造的で文化的な表現活動のための環境づくりに特に功績のあった公立文化施設を顕彰する地域創造大賞（総務大臣賞）を埼玉県内で初めて受賞している。

　公立文化施設は施設規模や機能、運営主体も多様であり、また設置目的や事業内容も一様ではない。ただ、相対的には県や政令指定都市の施設の方が、運営組織や予算規模が大きく、事業も積極的に展開している。そんななかで、中核市未満の人口規模である基礎自治体の施設の活動としては、芸術監督制を取り入れ、劇場でクリエーションを継続的に行い、他施設との連携により発信していること、そしてそれが継続していることは、良い意味で異例と言える。

キラリ☆ふじみを取り巻く人々：開館に至るまで

　なぜこのようことが可能になったのか。時計を開館前まで巻き戻すと、元々、いわゆる「新住民」と称される 1960 年代以降に転居してきた市民を中心に公民館等での社会教育活動が活発な土壌があった。1997 年、公募市民や文化団体代表、行政・議会関係者からなる建設検討委員会が発足し、翌年に基本構想がまとまり、それをもとに基本計画を策定。基本構想検討結果報告書では、メインホールの機能を「多様な市民文化創造活動や舞台芸術鑑賞に対応」とある。その後、コンペにより設計者が決定し、2000 年に実施設計を経て着工。前後して、「市民が主人公の富士見市らしい市民文化会館の運営」を目指して、公募市民 30 名からなる運営検討委員会が発足し、約 1 年間に 30 回に及ぶ検討が重ねられた。

　その過程で、桜美林大学の学生を縁者に持つ委員がおり、当時教鞭を取っていた平田オリザを研修会の講師に招いたことが、1 つの転機となっ

た。公民館の延長にある施設を想定していた検討の流れに対して、「同じ公立文化施設でも設置目的が異なり、公民館は住民が文化活動を楽しむ場だが、劇場は市民の発表の場でもあるが、加えて高いレベルの作品を作ったり、市民に優れた作品を提供したりする場」であると「劇場の公共性とその役割について」講義した。そして、「用地取得費等を加えれば60億円余の建設費がかかる。鑑賞機会の提供だけであれば、市民に都心までの交通費2千円を補助しても年間2億、30年間できる。建設するのであれば、意味のあるものに」と説いた。

　現在は財団の常務理事兼事務局長事務取扱を務める市川信男は、行政側として開館に至る準備から携わったひとり。この研修会を契機として、平田ともに全公民館を回り、複数回の講座に立ち会うこととなる。同じく、行政側でその後に初代の館長を務めたのが、関繁雄（故人）である。平田の説明に感化され、市長や庁内を説いて回った。平田は関の人柄をあげ、「元々は建築畑で文化芸術には縁が無かった彼が動いたことが、むしろ説得力につながった。開館後も福祉以上に市民に直結した仕事として、人事に掛け合って必ず新人研修場所にキラリ☆ふじみを入れた」。この過程を経て市長に提出された報告書では、公民館との役割の違いをあげ、市民文化会館は「富士見市ならではの運営、事業企画を目指し、富士見ブランドの芸術文化創造を進めるプロデュース機能の充実を図る。これを実現するためには芸術監督が必要であり、市民参加による運営が望ましい」とした。

　平田は「病院は誰が見ても専門性があるが、劇場は中途半端な専門性を持った施設。貸館と買い公演だけなら行政でもできる。本来の役割を果たすとなると専門性が問われ、誰が決めるのか、どこに発注するのか、どうコントロールするのかが問われる。プロ野球のゼネラルマネジャー役が必要」とする。市川は「平田はアーティストでありながら、行政の立ち位置を理解していた。言わば、行政のイニシアチブが発揮できる芸術監督」と言う。平田は「10万人余の市が芸術監督を持って、予算規模も限られ

たなかで、買い公演だけではなく、年間数本のクリエーションやワークショップを行うことにチャレンジする甲斐がある」として引き受けた。

この流れのなかで、公募市民 50 名による開館記念事業実行委員会が発足し、鑑賞型、参加創造型、青少年文化育成の各事業が計画された。さらにレセプショニストと展示のアートスタッフとしてボランティア「キラリスト」が募集された。また、平田は「地元商店が理解を示し、店にポスターを貼ったり、入場券で割引を行ったりするサポーターになってくれた」と言う。

キラリ☆ふじみを取り巻く人々：開館からこれまで

2010 年 4 月から 2022 年 3 月まで、館長を務めたのが松井憲太郎である。68／71 黒色テント（現・劇団黒テント）在籍中から世田谷パブリックシアターの計画作りに参画し、1997 年の開館後は公演の企画制作とともにワークショップやレクチャー、出版などの学芸事業を統括するなど、劇団時代から演劇の公共性に向き合い、創造型劇場の端を開いたと言える施設に携わり、公演だけではない公立劇場の活動を体現してきた。

きっかけは、知人から勧められて芸術監督の公募に応募したところ、館長でとの依頼につながったとのこと。就任当時は、若手の演出家等を起用したレジデントカンパニーである「キラリンク☆カンパニー」として、東京デスロック（多田淳之介）、田上パル（田上豊）、モモンガ・コンプレックス（白神ももこ）が、施設を拠点とした制作公演を行っていた。松井は「若いカンパニーにとっては、場所と多少の予算が提供され、活動の基盤が与えられたが、一方で文章化された取り決めもなく、なんとなく成り立っていた」と述べた。2011 年からは芸術監督が全てを担うのではなく、「活動の幅を広げたり、重層化させたりする」意味でアソシエイトアーティストとして、白神、田上、永井愛（劇作家・演出家）、田中泯（ダンサー）、矢野誠（作曲家・ピアニスト）を起用し、「より幅広いアーティストに関わってもらった」（松井）と振り返る。

劇場を地域に開いていく新事業を検討しているなかで、アソシエイトアーティストとともに市内を巡った際に、山梨で農業を営んでいる田中泯から、農家の産品を扱うマーケットの提案を受け誕生したのが、施設内外でのサーカス公演と野菜や米、手作りお菓子を販売するマルシェを組み合わせた「サーカス・バザール」。その後も継続開催されている。また、2017年から始まったのが、実りを祝う〈にぎやか舞台〉、旬を味わう〈ごちそう屋台〉、食を語らう〈ふれあい広場〉からなる「ふじみ大地の収穫祭」。農商工業者有志とともに秋の日に郷土芸能や食文化を楽しみ、語らいを通じて大地の恵みを味わう年中行事となっている。

2017年から3か年プロジェクトとして始まったのは「キラリふじみ×東南アジア＝舞台芸術コラボレーション」だ。日本、タイ、インドネシア、マレーシア、フィリピンの演劇人を起用して行われた国際共同制作公演。劇場法に掲げられた「国際交流」だが、地域の施設がアジアとのしかも継続的な展開を行ったのは極めてまれと言える。

松井は「劇場の専門家としての運営を期待されたが、主体的に地域と劇場の関係づくりを提案していかないと埒があかないと思い、市内で活動する多様な主体との関係を切り開き、ある種、無鉄砲に架け橋をつくった。地域や自治体と協働で、様々な事業で市民と国内外のアーティスト、市民と舞台芸術、そして市民と市民が出会う場作りを行い、既存の行政が主導する支援や文化芸術活動には加わってこなかった市民と劇場の活動を結びつけた」と語る。多彩な事業展開ではあるが、必ずしも事業予算が潤沢にあるわけではなく、貸館の使用料金を収納する利用料金制で、その7〜8割を事業費に充てるとともに、事業に応じて文化庁・日本芸術文化振興基金、地域創造、国際交流基金（アジアセンター）等の公的助成金を粘り強く獲得してきたとのこと。

多くの関係者が関われば、その分意見の相違や離齬も生じる。また、行政内や地域も必ずしも一枚岩ではない。20年を超えて、一定の実績を継続して生み出すには、様々な協力や尽力もあったことと思われる。

設置者と施設運営者、そして地域

　全国の施設のなかには、華々しく開館したものの、いつしか事業も減り貸館だけの運営になっている施設もある。さらには運営経費負担の重さからお荷物扱いのところもある。一方で、新設の建設計画が議論を呼び、提供する価値ではなく、建てること自体が目的化しているケースもある。

　富士見市では、2012年に文化芸術振興条例を制定している。市川は、自治体における文化政策の3つの要素として、インフラとしての劇場施設、基礎となる文化振興条例、そして具現化する文化振興計画をあげる。平田は「条例があることにより、たとえ首長が変わっても一定の継続性が担保されること、行政が根拠として立ち戻れること」をあげる。

　管理運営は、市が出資の公益財団法人キラリ財団が担っている（2013年3月までは財団法人富士見市施設管理公社）。指定管理は、非公募時もあったが、現在は公募となっており、その仕様書には、文化芸術事業に関する業務として、「オリジナル作品を制作・上演する」、「海外アーティストと連携した作品の制作・上演等に向けて積極的に取り組む」、「（公的な）助成を受けた作品の制作・上演等に向けて積極的に取り組む」、「他の劇場と連携した作品の制作・上演等に向けて積極的に取り組む」ことが記載されている。実績を踏まえているとは言え、ここまで具体的に明記されていることは極めて稀であり、自治体側に施設に求める役割とそれにより地域にどのような価値を提供したいのかの明確な方向性がある証と言える。

　全国の施設は、平田の言葉通り、いずれも数十億を超える建設費で建てられている。劇場には、貸館や鑑賞機会の提供だけでなく、劇場法に記されたように公共財として果たすべき役割や活用できる余地がまだまだある。それは、行政と運営者、そして地域が協力、連携することで実現できる。

　「キラリ☆ふじみ」は開館前に愛称を公募し、約300通から、「光輝くように」との願いを込めて決まった。20年を経た今、この先の未来に向かって、北極星のように地域における劇場の在り方を指し示し続けてほしい。

第7章
地域固有の文化資源を活かした地域デザイン

◆鹿児島県最南端の与論島
(写真提供：一般財団法人ヨロン島観光協会)

	一粒のお米から世界が見える
7.1	福井県越前フィールドミュージアム活動と持続可能なまちづくり

南　博史

まちが持続していくためには？

　筆者を代表とする越前町熊谷を中心としたフィールドミュージアム活動は13年目に入った。ここまで活動を継続してこれたのはなぜか。本節では、持続可能なまちづくりとはそのプロセスであり、まちが持続していくために必要な要素「歯車」は何かを明らかにする。

　主観的すぎるという指摘もあるだろうが、12年間まちづくり活動を継続してきたということを根拠に、方法論としての考古学、博物館学、そして学問を横断する総合政策科学を学問的な背景にこの実践論を組み立てた。

　地域社会を構成する様々な歯車が組み合って、地域社会全体が動いているのが理想とすれば、何かの原因によって歯車が欠ける、止まることにより地域社会全体に動きが悪くなっているといういい方ができる。持続可能なまちづくりとは、それらを再び繋ぐ「歯車」を見つけ出し、少しでも長く地域社会がより健全な形で動いていけることを目指す。

　具体的には、越前フィールドミュージアム活動を「外部」「仲介者」「内部」の立場から「歯車」をピックアップし、それぞれの物語を語りながら、それらがどう関わっていたかをまとめることとする。

越前フィールドミュージアム

　越前フィールドミュージアムは、2012年に福井県が開始した越前焼復興プロジェクトへの参加がきっかけである。具体的には、プロジェクトの中心施設となっている「越前陶芸村」の再生（入場者数の増加）を通して越前焼の復興につなげたいとのことであった。

筆者が代表を務めるNPO法人フィールドミュージアム文化研究所（以下、IFMA）は、地域をミュージアムとしてとらえ、地域の様々な資産を活用し、暮らしやすく魅力ある地域にするなかで越前焼産業も活性化させていくという「フィールドミュージアム構想」を提案し活動を開始した。

　この活動初期に、越前「田んぼの天使」有機の会（2015年から）代表の井上幸子（越前町八田区）と出会った。陶芸村文化ホールでの越前焼復興プロジェクトのイベントとして、有機無農薬米（＋越前焼土釜で炊飯）の「おにぎり」試食会が開催された。そのなかで井上は、農薬と化学肥料を使用せずに水稲栽培を行う有機農業をとおして、自然環境を守ることの大切さを強調していた。その井上がもっとも気にかけた地区が古熊谷で、後に我々のフィールドワークの中心となる。

　井上幸子の子息の井上高宏（現在、[株]田んぼの天使代表）が古熊谷で有機無農薬の米づくりを開始した。当時、福井新聞の記者であった山内孝紀（現在、[一社]ジャパン伝統産業文化コミッティー理事）は、越前焼復興プロジェクトにはじまる地域活性化活動をはじめていて、初期の我々の活動のカウンターパートであった。山内の紹介をうけて、古熊谷の水田で米づくりを行ってきた熊谷区を訪問した。

　熊谷区（京都市中京区とほぼ同じ面積）は、越前山地東側の内陸を北流する日野川（九頭竜川支流）沿いの武生や鯖江の中心地から越前山地に向かって一番谷奥にあって、現在は戸数15戸人口40人程度の高齢化が進む限界集落の地区である。耕作が難しくなった古熊谷の水田の耕作を外部の

◆福井県・熊谷集落風景
（2024年3月筆者撮影）

方に委託、2013年からはその方を引きつぐということで、若手農業士としての井上高宏が新たな担い手になったのである。

　古熊谷での持続可能な有機無農薬の米づくりを目指すためには、古熊谷の水田とその周辺（奥里山）環境を守ってきた熊谷の課題である住民高齢化、過疎問題の解決に取り組んでいく必要がある。そのために行政や京都外国語大学、IFMAのような外部団体、自然環境、動植物、歴史、民俗、産業などに関わる専門家が広くフラットに協働していく体制を作ることが重要である。2013年熊谷区の住民に対して基本構想『「熊谷あたらしい村づくりを目指して」〜越前フィールドミュージアムを支える協働ネットワーク〜』による住民と一体となった活動の開始を提案した。

　この活動拠点として熊谷の空き家（水野方勇氏所有）を借り受け、地域住民交流センター「くまカフェ」として地域活動を開始した。水野方勇は、区のムードメーカーであり、年齢や立場を越えたコミュニケーション力を持っている。我々と区の方々との接点役になっていただけた。よそ者の我々が区内に拠点を持てたのは、空き家があったからだけではなく、水野の力（我々に対する期待も）によるものである。

　この活動は、筆者が勤務する京都外国語大学国際文化資料館の外部連携活動と位置づけ、主に国際文化資料館の予算、農業農村の有する多面的な機能維持のための政策である「多面的機能支払交付金」、「中山間地域等直接支払交付金」によって住民の地域保全活動と一体となることができた。この両者を結び付けて事業化するについては、熊谷区住民であり越前町役場の職員でもある北野寿一の経験値と行動力によるものである。また、熊谷区のリーダーでもある西野良一とともに、熊谷区とその隣接2つの区（古屋区、増谷区）による西三区自治協議会の会長、事務局長として越前町の中山間地の農村を基盤とした集落のとりまとめ役を担っている。

　越前フィールドミュージアム構想では、短期、中期の段階といくつかの目標を設けた。学術的調査として、越前焼窯跡の考古学調査や熊谷区の伝統的生活文化の調査などをもとに歴史的な背景、古熊谷の自然環境、生物

の多様性について明らかにする。

　井上高宏が古熊谷で米づくりを進めていくためには、熊谷区が持続していく必要がある。双方の関係を維持するために必要な活動を外部である京都外国語大学学生が中心となって実施する。古熊谷での雑草取り、獣害を防ぐための整備、周辺の休耕田の活用、農道や畦、雑木林の整備などを住民の方々と一緒になって行うことである。

　こうした短期〜中期の活動を踏まえて、新しい村づくりに向けた新たな衣食住文化・年中行事の開始、新ブランドづくりを目標とした。

越前フィールドミュージアム活動と「歯車」

　越前フィールドミュージアム活動を通して、持続につながっているとした「歯車」は、熊谷区住民、学生（外部の若者）、仲介者（構想、実施）、交流拠点、イベント、制度、外部評価である。学生は、おもに京都外国語大学学芸員課程履修生を中心に卒業生や関連して参加した若者。仲介者として執筆者の役割、拠点は「くまカフェ」と後ほど述べる「せせらぎ会館」である。制度は、越前町や熊谷区自治のルールがある。外部評価は客観的な方法ではなく、新聞やテレビでとりあげられるなど身近に感じる評価。つまり褒めてもらえた、感謝されたという実感である。

　地域住民交流センター「くまカフェ」は、我々が熊谷で活動しているときにオープンするスタイルでスタートした拠点である。ただし、いわゆる古民家カフェではなく、熊谷区の住民など地域の方々とお茶を飲みながら交流する場である。

　また、ここを会場として学生が、自主企画展や演奏会などのイベントを開いた。特に2014年は国際文化資料館と熊谷区の双方を紹介する展覧会を国際文化資料館とくまカフェで開催した。国際文化資料館で開催した「おいでやす！くまだん」の会場に、熊谷区からバスをしたてて見学に来ていただけた。さらにくまカフェでは、地域住民や外部の方々との意見交換、交流するワークショップを開催した。おもなテーマは「地域の魅力を

発見」、「一番の課題は何か」などである。

　このようにみると活動初期において、「くまカフェ」という「拠点」を作れたこと、拠点を活用したイベントを企画、開催できたこと、水野、北野、そして西野という区の中心メンバーが我々を受け入れたことで「歯車」が動き出した。

　もちろん、熊谷区に入るについては壁があった。この壁を乗り越えられたのは「学生」の力である。ある女子学生が集落の道沿いで花壇のお世話をしていたおばあちゃんに声をかけた。『おばあちゃん、こんちわ〜』『（なんでこんなところに若い人が？という雰囲気で）あんたらどこから来たんね？　何やっとるん？』『京都外国語大学の学生です。先生と一緒にくまだんを歩いてます』『そうかっあ』。その場でおばあちゃんから即席で作った花の頭飾りをもらった。その気楽な交流の一コマの写真は、のちの熊谷区との関りに大きく影響する。

　筆者が越前町のある集まりでの講演のなかでこの写真を使ったところ、その集まりを段取りしていた北野久治が熊谷区の住民で『うちのおふくろや〜』ということになった。今では設計士の北野（北野寿一と言い分けるために、熊谷では北野設計とも呼ぶ）とシビアで理知的、かつウィットに富んだ（北野は非常に科学的で理論家でもあり、我々の活動にいつも客観的な意見を出していただける）話を楽しんでいる。熊谷の方々との壁が下がったできごとでもあった。

　西三区自治協議会は、くまカフェ老朽化への対策として地域活動の拠点を整備する福井県ふるさと茶屋事業の補助金の申請をした。

　改築を終えたくまカフェは、あらたに西三区自治協議会が運営する「地域交流施設　古民家『くまカフェ』」として営業を開始した。毎日の運営は水野と奥様が担っている。おもに区域外、越前町内外からの一般客が訪れている（すでに利用者はのべ5000人を超えたそうだ）。

　一方、我々は、区内にある民家を「くまカフェ＋（プラス）」として整備するとともに、「拠点」は熊谷区の共有施設（道場[1]）である「せせらぎ会

◆地域交流施設
　古民家「くまカフェ」
　　（2018年5月筆者撮影）

館」に移している。区民の活動の中心施設であるせせらぎ会館を拠点にできたことは我々の活動を認めてもらったことでもあり、道場の役割を理解し、台所（折々のふるまいの準備ためのアイランド式キッチンがある）やトイレなど施設全体を綺麗に使わせていただくことが区民との信頼関係に結び付いているし、学生ふくめ我々の活動に対する心構えにもなっている。

　そして、道場を中心として行われる年中行事をお手伝いすることが活動の持続性にもつながっている。地区の社会奉仕活動も含め、住民自治活動を継続していけるか、いけなくなるかは限界集落にとって大変重要なポイントである。学生らがこうした活動をお手伝いしていくことで、地区の自治活動の継続につながっているとも言えるのである。

　近年、古熊谷ではイノシシやシカによる被害の増加が目立つようになった。水田を護る金属製柵および電気柵の設置と整備にかかる時間的、経費的負担が農業・林業の経営を圧迫している。これは現在、日本の中山間地における持続可能な農業、林業を進めるうえでもっとも重大な課題の1つである。その厳しい環境にあって古熊谷で米作りを続けている井上は、『京都外大のみなさんがいなかったらここまで続けてこれたかどうかはわからない』とおっしゃっている意味は大きい。しかしながら、この先を考えると今までどおりに行かないことは誰もが理解している。環境保全型農業を継続していくために次のことを考える段階になっている。

　また、熊谷周辺は越前焼の故郷である。古熊谷周辺の雑木林のなかに残る窯跡を地域の資産として活用することは当初からの目的であった。熊谷

区民の西野哲司（地区最高齢）は、継続的に古熊谷雑木林の伐採などを自主的に実施、そのなかでは窯跡周辺やそこに至る道の整備も進めたことで遺跡トレイルのルートにもなっている。荒廃が指摘される山林の維持のために、住民の地道な活動も古熊谷の景観を守ることにつながっている。

　さて、活動を通して熊谷区の新しい住民として迎えた二人を紹介したい。まず、熊谷区の雑木林のなかでシイタケ栽培を開始した三橋玖実（結婚され福井市内へ出られたが、引き続き熊谷区でシイタケ栽培を夫婦で行っている）、その後は井上が代表する「田んぼの天使」の社員として働くようになったマレーシア人のワフィ（ムハマド・ワフィ・ビン・アズィズル）が、整備した「くまかふぇ＋」に住んでいる。

　農学博士号をもつ岩本啓己（現在は福井県職員）は、古熊谷水田の雑草研究をきっかけに我々と交流するようになった。今は、古熊谷の水田ビオトープで虫などの小動物を見つける家族向けイベントの「生き物観察会」（熊谷区中心の企画・運営）で講師を務めている。古熊谷の自然を研究する彼の『古熊谷での米作りが、古熊谷の豊かな自然環境を守っている』という分析は、古熊谷で環境保全型農業を行う学術的背景となっている。

　フィールドミュージアム活動をきっかけに熊谷区との交流を続けている関係人口も増えている。家族をもった卒業生が赤ちゃんを連れて熊谷に来た。せせらぎ会館に集まっていた住民が赤ちゃんを抱いている姿は、娘と孫が実家に戻ってきたような雰囲気だった。こうしたシーンが住民のそこで暮らしていくことの価値にもつながっているのではないか。

新型コロナウイルス感染以降の活動

　新型コロナウイルス感染拡大期にあっても、それまでの熊谷区の方々との信頼関係もあって、フィールドミュージアム活動を継続することができた。こうした信頼関係は、述べてきたような継続の「歯車」が作用していたからである。最後に、現在に続く活動を簡単に説明しておく。

　コミュニティ・エンゲージメント・プログラム越前（CEP越前）は、

京都外国語大学国際貢献学部グローバル観光学科の正規のフィールドワークとして2019〜2021年の3年間実施した。毎年8人の学生が9〜1月のほぼ半年、定期的に熊谷に滞在してフィールドミュージアム活動に参加し、コミュニティの課題について個人調査を行った。

　ERFP（Echizen Rice Field Project（以降，ERFPと表記））は、古熊谷の持続可能な米づくりに向けて、獣害対策などを目的とした普及啓発活動を行ってきたことがきっかけになっている。メインは、古熊谷堂の上の水田での田植えイベントである。主旨としては、豊かな自然環境に囲まれた水田での田植え体験を通して、有機無農薬の米作りについて理解を広げることである。2018年からこの活動に越前フィールドミュージアム活動の学生たちも参加していた。

　つまり、我々が中心となって企画運営する有機で農薬を使わない米（「田んぼの姫」と名付けた）づくりプロジェクトである。しかし、2021年の古熊谷では全体に獣害が酷く、古熊谷堂の上8畝での収穫が70キログラム少々という状況であった。今後どう収穫を増やすかという課題は、持続可能な環境保全型農業のあらたな目標にもなった。

　そして、2023年に収穫したお米は200キログラムまで増えた。しかし実際に美味しいのか？　この試食を熊谷の方々にお願いした。北野設計からは、『私は厳しいで』と念押しされた。評価が怖かったが、結果『いや〜美味かった』と。決してお世辞をいう方ではないだけに「褒められた」ことが嬉しかったし、古熊谷堂の上での米づくりに自信を持つことができた。

◆古熊谷堂の上の水田での田植えイベント
（2024年6月筆者撮影）

2021 年度にイオン環境財団から補助を受けて、ERFP を中心に環境保全型農林業をテーマにした体験型連続講座「福井県越前町フィールドミュージアム講座『くまだん大学』」を開講した。熊谷区、田んぼの天使、IFMA が主催し、京都外国語大学グローバル観光学科の学生がたちあげた任意団体「にじいろファーム」が企画・運営を担った。

獣害、高齢化、耕作放棄による景観の荒廃などの熊谷区の課題は、日本全国の中山間地の農山村にも当てはまる。ふるさと景観の保全、自然災害への対応、さらには食の安全保障、環境問題などグローバルな課題ともつながっている。「一粒のお米から世界がみえる」。これら課題解決のためにできることをともに学び考えていくなかで、この地域を守りたいと思う仲間（新しい村人＝関係人口）を増やすことが目的である。

くまだん大学に関連して、越前町との連携活動もはじまった。越前町移住促進課では、将来の移住者にむけた滞在型の体験施設を小曽原と茂原（越前海岸）に持っていた。2023 年 4 月、コロナ後あらためて両施設を再開することになり、越前町が用意するプログラムに参加する利用ルールに従って、くまだん大学の講座を組みこむことになった。

To be continued ～活動は続く

活動に参加していた学生の卒業論文のなかに、「私たちは地域の方々にとって鏡である」という表現があった。これは自分たち学生を通して、地域の方々は自分たちの姿を見ているという意味である。学生が最初にコンタクトをとった熊谷で花を育てていたおばあさんは、それ以来、学生たちが熊谷に来ることを楽しみにしておられた。そして、病床からも外で学生たちのにぎやかな声を聴いて、「また来てるんやね〜」と喜んでおられたと、お亡くなりになってからご家族の方から聞いた。

学生がもたらした地域への影響は大きい。そんな学生たちの活動を長く顕彰するために、生活改善センター（西三区自治協議会の施設）の空き地に各人のメッセージを刻んだ陶板をはめた石柱を立てていただいた。ま

た、周りにはそのときに植樹した桜がしだいに大きくなってきたのを見ると、我々の活動が地域の持続性に大きな影響があったことを実感する。

熊谷での活動がしばしば新聞記事になった。丹南ケーブルから取材受けた。町民から『京都から？』と声をかけられたこともあわせて、こうした外部評価が熊谷の方々や我々を励ましてくれる「歯車」になっている。

昨年、熊谷区の「熊谷美土里保全会」は、「令和4年度北陸農政局多面的機能発揮促進事業優良活動表彰『多面的機能支払部門』」を受けた。表彰のポイントは「NPO法人や大学と連携した地域コミュニティの形成」とあり、10年におよぶ「教育機関と連携した多様な世代間の交流により、地域コミュニティの活性化が図られている」とある。

住民わずか40人ほどの熊谷区が我々を受け入れ、フィールドミュージアム活動に協働するという「歯車」は、熊谷の直接民主主義的な自治のありかたにある。かつて集落の全員が集まって、地方の地域社会にありがちな家柄の違いによる上下関係をやめフラットな関係でつきあっていくことになったとのことである。熊谷の人々が共同して活動している様子は、限界集落にこそ持続可能なまちづくりの答えがあるように思う。

持続可能なまちづくりに終わりはない。目標に向かって活動を継続していくことにその価値がある。時代とともに変化する課題解決のために、目標に向かう手段も変化させる必要がある。故にプロセスが大切なのだ。

一方、持続可能なまちづくりに共通して働く「歯車」があることは今回の研究の成果で明らかになったと考えている。同時に、それらの「歯車」を組み合わせ繋いできた筆者自身の仲介者としての役割、そして活動に関わった人々のその後のライフキャリアにどう影響しているのかを客観的に分析、評価していく必要があることを明記して結びとする。

注
1　北陸地方を中心におもに中山間地内の一部の集落に設けられた浄土真宗本願寺派（西本願寺）の宗教施設。区内に寺が無いためこの道場に阿弥陀仏が安置され、門徒である全住民が交代で毎日のお世話や定期的なお勤めが行われている。

7.2 与論町の海洋教育「ゆんぬ学」の試み
ゲーミフィケーションで島の未来を描く

島袋 美由紀

「島立ち」に向けて

　「島立ち」という言葉を聞いたことがあるだろうか。島嶼地域で生まれ育った子どもたちが、進学や就職のために島を離れることだ。2024年現在、日本には本州を含む有人島が422島ある。そのうち、人口が少ない島には高等学校か、あるいは中学校までしかない。1950年代後半、全国で起こった高校全員入学運動は、小さな島々にも高等教育の機会均等を促進する機運をもたらした。そして、その頃から「島立ち」は小島嶼特有の風物詩として語られるようになった。

　小さな島に生まれた者にとって「島立ち」は必至のライフコースだ。島外では様々な人と出会い、学校や仕事を選ぶことができる一方、充実した人生を送るには自らを律する力が必要になる。そのため、島には学ぶ力とともに生きる力を育む文化がある。鹿児島県の最南端にある与論島もそのひとつだ。

　与論島は面積約20平方キロメートル、人口5069人（2024年5月現在）の奄美群島で最も小さい島だ。この島は地理的、歴史的に沖縄との関りも深いが、時代ごとに多様な外来文化を取り入れながら固有の文化を築いてきた。しかしその一方では島嶼地域特有の資源不足、交通不便、物流格差などによって、様々な経済的不利性に悩まされてきた。

　筆者が与論島を訪ねたきっかけは「島立ち」教育に携わる若者たちの噂を聞いたことからだった。その頃、筆者は「島の未来を描くゲーム」を一緒につくる仲間を探していた。その出会いを求めて与論島に渡ったのだ。

「ゲーミフィケーション」の可能性

　筆者（琉球大学博物館（風樹館）職員）と、このあと紹介する3人の仲間がゲームづくりを通して地域づくりに関わりたいと考えた背景には、過去の取り組みでの反省がある。

　2017年、筆者は琉球大学の研究者たちが主導した超学際プロジェクト「水の環でつなげる南の島のくらし」に参加した。プロジェクトの目的は、島嶼地域の健全な水循環を実現するための対話と協働を地域に創出し、推進することだった。そこで筆者のチームは、沖縄県多良間島の自然社会環境をモデルにしたボードゲームをつくった。

　最初にゲームづくりを提案したのは化学者の土岐知弘（琉球大学理学部海洋自然科学科・准教授）だった。近年、ゲームの原理や要素をチームビルディングや教育プログラム等に応用するゲーミフィケーションが様々な分野で取り入れられている。土岐は様々な立場の人々のコミュニケーションを促進するツールとして、ゲームが役立つと考えた。しかし、土岐にゲームづくりの経験はなく、それは筆者も同様だった。そこでふと、身近にゲームクリエイターがいたことを思い出した。筆者の実弟で、琉球大学工学部出身の島袋仁（沖縄県読谷村役場企画政策課・秘書広報係長）だ。島袋はシステムエンジニアとして企業に勤めた後、地元の役場に転職した経歴を持つ。島袋は色々な形式があるゲームのなかからボードゲームを提案した。ボードゲームはシミュレーションとロールプレイによって仮想の世界をつくり、そこに現実世界の自然現象や社会環境をモデルにした物語を入れ込むことができるからだ。このとき筆者は、ゲームをつくる過程で多様なコミュニティを巻き込むことができれば、島の水循環をめぐる対話の機会を増やすこともできるのではないかと考えた。実際にプロジェクトは、ゴール、クエスト、判定、報酬、交流といったゲームの要素を取り入れながら進めていった。

　ボードゲームがある程度仕上がった頃、ゲームのモデルとなった多良間

島の小学校で授業を行った。このとき、ボードゲームの効用を高めるための特別ルールと授業プログラムを考案したのが政治学者の久保慶明（当時は琉球大学人文社会学部国際法政学科・准教授、現在は関西学院大学総合政策学部都市政策学科・教授）だった。この授業は、生徒、先生、地域の支援者それぞれから好評だった。そのため「次回」があることを期待したが、それは甘い考えだった。実は、一連の取り組みには根本的な欠如があった。それは当事者である多良間島の住民との対話と協働がなかったことだ。筆者らは、余所者が地域に持ち込むプロジェクトでやりがちな失敗をしてしまったのだ。

　プロジェクトが終了した2020年3月、新型コロナウイルス感染症が世界中に蔓延し、各地の島でもあらゆる社会機能が一時停止した。それから約3年経った2023年初頭、筆者らはあらためてゲームづくりに挑戦することにした。先のプロジェクトをふりかえった上で、ゲーミフィケーションによる対話と協働は地域づくりに役立つと考えたからだ。それを踏まえて、今度は対話とともに「共話」も大切にしたいと考えた。「共話」は日本語教育学者の水谷信子による造語である。それは「互いに相手の話を完結し合う関係」（水谷 1983）[1] のことだ。対話と共話の違いをゲームのシステムに喩えると、対話はターン制に似ている。トランプのババ抜きのように一定の順番で交互に進行していくイメージだ。一方の共話は「順番」の概念が希薄なところがリアルタイム制に似ている。アグレッシブな例えになるが格闘ゲームを思い浮かべると分かりやすいだろう。日常生活のなかでも話し手の発話に聞き手が応えるなかで、いつのまにか立場が入れ替わったり、話題が渾然としたりすることはよくある。当然ながら対話と共話にゲームのような勝敗はないし優劣もない。対話は思索を、共話は混沌を楽しむことができる。ただし、対話は相手との関係性がなくとも成立するが、共話は互いに信頼感がなければ発展しない。筆者らのような余所者が初めての地域を訪れたときは対話から始めるのが常道だ。しかし、そこからさらに踏み込んで共話を目指す理由は、ひとえにそれが対話よりも自

由で、想定外の相互作用が生まれやすく、それによって状況がダイナミックに変化することがあるからだ。島の住民と膝を突き合わせた空間に、互いの心を揺さぶるような対話と共話が行き交えば、思いがけない未来が描けるかもしれない。こうした可能性を拓くために筆者らがすべきことは、筆者らの「課題」を島に持ち込まないことだった。

　心が定まると縁は繋がるもので、2023年3月、筆者らは噂の「島立ち」教育関係者に会うことができた。そしてすぐさま「一緒にゲームをつくりませんか！」と彼らにプロポーズした。我ながら怪しいという自覚はあったが、なりふり構ってはいられなかった。ゲームは遊戯や競技の文脈で使われることがほとんどで、娯楽の代名詞と捉える人も多い。現代経済学のゲーム理論は社会の至るとこで応用されているが、それと見抜くのは専門家くらいだろう。「ゲーミフィケーション」という言葉が一般的ではないことも知っている。かといって、ここで「ゲーム」のうんちくを並べれば余計に胡散臭いだろう。結局のところ、誰と何がしたいのかを率直に伝えることが、一番わかりやすいだろうと思ったのだ。それから約1ヶ月が過ぎた4月吉日、与論島から「一緒にゲームをつくってみたい」という返事が届いた。

島人と旅人がともにつくった与論町海洋教育「ゆんぬ学」

　最初にご縁がつながった島の住人はNPO法人「海の再生ネットワークよろん」事務局長の池田香菜だった。池田は東京都出身。琉球大学大学院を卒業した後2018年に島へ移住し、サンゴ礁の保全活動に取り組んでいる。筆者らの提案に興味を持ってくれた池田は、自身も所属する「与論町海洋教育推進協議会」のメンバー3人を紹介してくれた。それが田畑香織、磯村愛子、そして小倉有希子だった。田畑は大学進学を機に「島立ち」し、企業で数年勤めた後に帰郷した。現在は学習塾「まなび島」を運営している。磯村は福井県出身。小倉は茨城県出身。どちらも総務省の支援制度「地域おこし協力隊」として町の教育委員会に配属された。磯村は

任期満了後も島に残り、現在は協議会の地域コーディネーターとして海洋教育に携わっている。彼らのような移住者は「旅人」と呼ばれている。それに対して、田畑は代々島に暮らす家系の「島人」である。与論町は、旅人だから見えることと、島人だからできること、あるいはその逆を互いに受け入れながら島の社会をつくってきた歴史がある。

　与論町は 2019 年から町内全ての小中高それぞれの学校で独自の海洋教育「ゆんぬ学」を展開している。海洋教育とは、新学習指導要領で打ち出された「現代的な諸課題に関する教科等横断的な教育内容」の一分野だ。そして「ゆんぬ」とは与論島の言葉で「よろん」のことである。海洋教育を導入している島は他にもあるが、与論町は独自の教育理念を融合させた「ゆんぬ学」を確立している。そして「ゆんぬ学」の個性を発揮しているのが「与論町海洋教育推進協議会」だ。協議会には多様な産業や立場の住民が参画し、学校と連携しながら子どもたちに実践的な学びを提供している。現在、町が注力している教育カリキュラムは小中学校の探究学習教科「海洋教育科『ゆんぬ学』」と高校の「総合的な探究の時間『ゆんぬ』」（以下、併せて探究活動）だ。探究活動では生徒自身が探究課題を見つけ、学校で習うことと、地域で学ぶことをつなぎ合わせながら答えを導き出す。町ではこの活動で得られる様々な経験が「『島立ち』した先の社会」で活かされることを期待している。ただし、ここでいわれる「『島立ち』した先の社会」とは島外のことだけを指しているのではない。「ゆんぬ学」が見据えているのはもっと先の未来であり、それは子どもたちが「島立ち」からふたたび島に帰ってきた後のこと、あるいは島外に居ながら故郷に関わり続けることだ。「ゆんぬ学」に込められた期待とは、島に育てられた子どもたちが、将来は島を育てる大人になることなのだ。

　町の海洋教育グランドデザインは、「島立ち」の力が人間性の「島立ち」、主体性の「島発ち」、自律性の「島建ち」から成ることを描いている。これは、「誠」と呼ばれる島の伝統的な教育理念に、島外から赴任した歴代の学校長や教育主事らが共感したことからつくられたビジョンだ。

与論町には、島人と旅人が共に島の未来を描いてきた歴史があり、その文化が根付いている。

島の愉快な仲間たちとゲーム三昧

　ゲームづくりは2023年5月から始まった。参加者は先に紹介した面々に奄美群島南三島経済新聞の記者、江藤善真が加わった。江藤は世界各地を渡り歩いてきた埼玉県出身の旅人だ。揃ったメンバーは筆者を含む9人。2023年度は作業工程を6回に分け、奇数月だけ「まなび島」に集まることにした。各回の作業時間は2日間合計5時間。全30時間で、ゲームの構想、設計、試作、テストプレイ会まで実施する計画だ。

　第1回はゲームづくりの目的を整理した。「島の未来を描く」という抽象的な課題を、ゲームづくりという具体的な作業に落とし込むまえに、各々の参加動機を共有する対話が必要だと考えたからだ。このときは、それぞれが素直な気持ちで島への思いを語り、互いに共感できる言葉や、尊重したい表現をつなぎ合わせた。それが「年齢関係なくみんなが遊べるおもしろい島になるように『ふわっと』から『ふっきり』へ、明るい未来を描くこと」だ。

　次にこれから頻繁に使う用語の概念を整理した。たとえば「地域」という言葉は多義的で、その範囲は様々だ。人によって「地域」は島全体のことかもしれないし学校区のことかもしれない。あるいは自治会という住民組織のコミュニティを指すかもしれない。「ゲーム」という言葉についても同様のことが言える。元来「ゲーム」は、人々がルールのもとで相互に関わり勝敗を決めるという概念だ。しかし、現在は社会的な意味づけが幾重にも纏わりついている。こうしたなかで分野や世代の異なる人々が協働する場合、互いの認識のズレを放置したまま進めると、後々、意思疎通がうまくいかなくなることがある。同じ言葉を使っているはずなのに、なぜか会話がかみ合わないということが起こるのだ。誰もが相手ではなく自分の知識や認識で言葉を解釈するのだから、それは仕方のないことだろう。

迂遠かもしれないが、本題に入る前に互いの偏見をある程度補整しておくことは、皆が安心して居られる環境をつくることにもなる。急がば回れ、とはよく言ったものだ。

第2回は既成のボードゲームやカードゲームをひたすらプレイした。島袋仁が自身のコレクションから選りすぐりのゲームを持参してあれこれ試供したのだ。しかし、ゲームによってはルールや手順が複雑でなかなか思い通りにいかず、楽しむ余裕がない。島袋いわく、ゲームは「ままならない」状況を楽しむものだそうだ。ゲーム巧者らしい言い分だが、素人にとっては苦行でしかない。皆の集中力が切れる頃、ついに田畑が「意味わからん！」と叫び出した。小倉は思考が口から漏れ出し、ブツブツと呟きだした。池田はプレイヤー間の駆け引きが面白いようで終始ニヤニヤしていた。磯村は「むずかしい」と独り言を繰り返してはフリーズしていた。江藤は淡々と勝ちに行く姿勢だった。土岐と久保は研究者らしくプレイヤーの反応を観察していた。こうしたカオスな状況で飛び交う共話に脈絡はない。これが意味を成すのはもう少し先のことだ。後日、磯村がこの時のことをふりかえって「色々な種類のゲームを体験したから、オリジナルゲームがつくれた」と言ってくれた。ゲームづくりも先行研究が大事ということだ。

第3回は各自が考えたゲームのテーマを発表した。これは自分が理想とする「島の豊かな暮らし」に基づいて考えてもらった。それぞれのテーマを要約すると以下の通りだ。池田は「持続可能なワークライフバランス」、小倉は「資源と人口のバランス」、磯村は「世代間交流と知恵の継承」、江藤は「生態系の保全」、久保は「社会関係やライフイベント」、土岐は「海底トンネルをつくって交通や産業を活性化させよう！」。こうして並べてみると、開発志向の土岐以外は調和を志向しているようだ。

第4回は島袋仁が試作したゲームと、参考になる既成品のゲームを試した。前回各自が出したテーマはどれも単体でゲーム化できそうだった。しかし与論島メンバーは各要素を1つのカードゲームに集約することを選ん

だ。制作の方針と設計が決まると、メンバーは驚異的な集中力と作業スピードを発揮してあっという間に試作品をつくり上げた（写真）。前回までは筆者がお膳立てした作業メニューを皆が受動的にこなしていたが、このときを境に主導権は与論島メンバーに移った。しかも彼らにはそのカードゲームの使い道についても、すでに腹案があった。

第5回は町の教育委員会職員と海洋教育推進協議会の関係者を招いてテストプレイ会を開いた。これは制作意図を知らないプレイヤーから客観的な感想と意見をもらって改良するためだ。テストプレイ終了後、与論島メンバーはこのカードゲームを中学校の探究活動に取り入れてみたい、と言った。

海洋教育推進協議会は年度に数回、小中高それぞれの学校で探究活動の授業を受け持っている。探究活動は生徒自身が課題を見つけることになっているが、なかにはそれができずに思い悩む生徒もいる。そのため与論島メンバーは、生徒たちが日常生活のなかで課題を発見するための補助ツールとして、試作したカードゲームを使うことを考えた。彼らのアイデアはそれだけではない。試作品は見本として生徒たちに体験してもらい、最終的には生徒が自らつくる授業プログラムを考えた。そういうことであれば、ゲームは初心者でもつくれるようなデザインであることや、拡張性のあるシステムであることが重要だ。

最終回は「まなび島」の塾生たちにテストプレイをしてもらった。協力してくれたのはゲームが大好きな高校生たち。ただし、彼らは基本的にデジタル派だ。アナログゲームは他のプレイヤーのしぐさや表情、声色などを生身で感じるため独特の緊張感が伴う。案の定、開始直後は皆ぎこちなかった。しかし、小慣れると互いに遠慮がなくなり口数も増えた。おもしろかったのは様々なギャップだ。大人にはウケたことが子どもには通用しないという世代間ギャップ。同じ年齢でも互いの意図が伝わらないという個人間ギャップ。島人と旅人では笑いのツボがちがうという文化間ギャップ。このゲームを成立させるコツは、こうした様々なギャップを互いに埋

◆「まなび島」でのゲーム制作の様子
（2023年11月28日筆者撮影）

◆与論中学校での「課題解決カードゲーム」の様子（2024年6月8日筆者撮影）

め合うことだ。その方法が対話であり、共話であり、協働だ。テストプレイ終了後、与論島メンバーが塾生たちに授業で使う構想を打ち明けたところ「中学生にはちょうどいいレベルじゃん」という表現でお墨付きをいただいた。

与論町海洋教育「ゆんぬ学」のカードゲーム

　2024年6月8日、与論中学校で「課題解決カードゲーム」授業が行われた（写真）。対象は1年生55名。ゲーム開始の前に、プレイヤーの前にはカードの山札が2種類置かれた。1つは「課題カード」でもう1つは「アイテムカード」。そしてプレイヤーには3枚のアイテムカードが手札として配られた。ゲームは、最初のグループが課題カードを1枚めくるところからスタートした。プレイヤーは課題カードを引いてそれを全員に見せる。次に自分の手札を使って課題を解決するためのストーリーを考え、それを発表する。他のプレイヤーはその内容をジャッジする。過半数から良い評価をもらえたらその課題カードは勝ち点になる。課題解決に使える手札はサイコロを振って出た数字。1が出た場合は1枚の手札でアイデアを捻り出さなければならない。たとえば「島唄を歌うことができません」という課題に対して手札が「サンゴ」「星空」「誠の心」だった場合、そのうちの1枚で解決案を絞り出すのだ。最終的には最も多くの課題カードを手

にしたプレイヤーの勝ちとなる。

　授業の後、生徒に感想を聞いてみた。与論中学1年生の川口月祈は課題カードのうち「島で出産できない」ことに驚いたという。自分が沖縄の病院で生まれたことは知っていたものの、その理由が島に産婦人科の病院がないためだとは思っていなかったからだ。

　このカードゲームには、与論島をかたちづくるあらゆるものがかき集められている。カードに描かれていることは全て、生徒たちの身近にいる人々、毎日見ている景色、受け継いできた文化だ。「課題」と呼ばれるものは、こうした日常生活のなかから生まれている。ただし、「課題」は往々にして「解決すべきこと」に置き換えられてしまう。もちろん、そう考えることが妥当なこともある。しかし、このゲームではそれを「実現したいこと」に読み替えた上で、新たな「価値」を見いだすことにも挑戦してほしい。

　授業の様子を見守っていた校長の吉松浩志は、ゲームのなかに「助け合いの仕組みがあるといいかもしれない」と言っていた。それはたとえば、自力で課題を解決できそうにないとき、他のプレイヤーが代わりに解決したり、プレイヤー間で手札を交換できたりするルールをつくるということだ。生徒達には、このような社会システムをつくるアイデアが出されることも期待したい。

　与論島での「島の未来を描く」ゲームづくりはまだ途中だが、いずれは全国の島々に渡り、「島立ち」教育に携わる人々とゲームを楽しみながら、それぞれが描く島の未来を語り合いたいと思う。

　最後に、この取り組みを支援していただいている公益財団法人科学技術融合振興財団と、総合地球環境学研究所 LINKAGE プロジェクトに感謝申し上げたい。

注

1　水谷信子（1983）「あいづちと応答」水谷修編『講座日本語の表現3　話しことばの表現』筑摩書房、37-44 頁。

	古楽×民間人主導の音楽祭
7.3	シビックプライドの構築

志村 聖子

キャリアの原点：古楽音楽祭

　筆者の専門は舞台芸術のマネジメントで、舞台芸術の運営や人材育成のあり方について日々研究している。勤務校ではアートマネジメント理論や文化政策などについて授業を行っているが、研究も教育も実践があってこそ実を結ぶ。本節で取り上げる古楽音楽祭との出合いは、子育てをしながら大学院に入学し、修士論文の題材として古楽祭の運営に関心を抱いたことが契機だった。それ以来、研究テーマを広げつつも、古楽音楽祭の運営に携わっている。この音楽祭は筆者にとっての研究／教育の礎であり、大学教員としてのキャリアの原点でもある。

　ところで、みなさんは古楽器の音色を聴いたことがあるだろうか。今日使われる楽器の多くは、何世紀にもわたって改良が重ねられてきた成果である。そもそも、人類は動物のツノや骨、木などの自然素材を使って楽器を編み出してきたが、異文化の影響や工業技術の発達などによって楽器製造には様々な変遷が生じてきた。現代のフルートの前身であるフラウト・トラヴェルソは、古楽器の代表例である。黒檀や柘植などで作られ、豊かな倍音と空気感に満ちて素朴な音色は日本の尺八を彷彿とさせる。本節では、このような古楽器を使い、古楽をテーマにした音楽祭を取り上げる。

市民参加型の音楽祭を取り巻く課題

　音楽祭における市民参加は1990年代から増え始め、2000年代に入ってからも市民参加型の音楽祭の事例が続いてきた。しかし一方で、1990年代後半以降、各地で音楽祭の休止や終了が相次いでいる。その理由とし

て、長引く不況のなかで自治体や民間企業が文化予算を削減する傾向が指摘できる。一方で、音楽祭が抱える問題は財政的な問題だけではなく、音楽祭の内容にもあることが指摘されている。音楽祭でも、「まちおこし」を目的に自治体主導で立ち上げられるものも散見され、市民参加が進むことで音楽祭の形態や内容が多様化してきたが、この「多様化」が一方では内容の拡散やポリシーの欠如を招き、質の低下を招いた面もあったことは否定できない。

　それでは、音楽祭における参加主体のモチベーション（満足度）を高めつつ、音楽祭としてのポリシーや質を守り、地元に根ざしたシビックプライドの醸成につながる運営を行うためには、どのような考え方が必要なのだろうか。本節では、九州・福岡で30年近い歴史をもつ福岡古楽音楽祭に焦点をあてる。海外では、ボストン古楽音楽祭（1981年〜）、ユトレヒト古楽音楽祭（1982年〜）が大規模な古楽祭の代表例であるが、バッハ週間（1947年〜）のように特定の作曲家に焦点をあてる例もある。国内では、都留音楽祭（1986〜2017年）、国際古楽コンクール山梨（1987年〜）、栃木［蔵の街］音楽祭（1988年開始）などが代表例で、いずれも1980年代に開始されている。1970年以降にいわゆる古楽リバイバルブームがわが国に流入し、古楽が国内にも広まっていったことが見て取れる。

古楽の響きに魅了された先人たち

　福岡古楽音楽祭の歴史は、1974年に陶芸家の中里隆が佐賀県唐津市にて「隆太窯」を開き、「隆太窯コンサート」を始めたことが礎になっている。

　中里は世界各地で作陶をするなかで、「若い頃にアメリカで聞いたチェンバロの音が忘れられず」、唐津で窯を開くと同時に、故・堀栄蔵にチェンバロの製作を依頼した。そのチェンバロを専門家に弾いてもらうために始めたのがこのコンサートだった。自宅居間を開放した定員60名ほどの空間では、演奏会後に料理やお酒も振る舞われ、歓談のひとときも魅力だったという。当時、日本では古楽がまだ珍しい時代だったが、隆太窯コ

ンサートには日本中のみならず世界の名だたる古楽演奏家が演奏に訪れた。

　その演奏家のひとりがトラヴェルソ奏者の有田正広である。古楽との出合いは桐朋学園大学４年の時だったという。フルート奏者として頭角を現していた有田は「たまたま彼女（奥様であるチェンバロ奏者の有田千代子）と渋谷に出かけた際に、フランス・ブリュッヘンのリコーダー演奏をレコードで聴」き、「頭をハンマーで殴られたような衝撃を受けた」のだという。その出来事をきっかけに有田は留学を決意し、ベルギーとオランダで研鑽を積む。これがいわゆる日本の古楽「第一世代」である。

　1978年、有田が留学先から帰国し、第３回隆太窯コンサートに出演したことから、中里と有田の交流が始まった。

　有田は留学を経て「18世紀オーケストラ」（Orkest van de Achttiende Eeuw、1981年創立）などで多数の演奏経験を積んでおり、日本でも本格的な古楽オーケストラの結成を夢に描いていた。

　その願望を心にかけてきた中里は、福岡在住の実業家岩崎純一と知り合ったのを機に相談したところ、岩崎は「何の見返りもなしに」オーケストラへの経済的支援を約束し、日本で初めての本格的な古楽オーケストラ「東京バッハ・モーツァルト・オーケストラ」が誕生した。

　旗揚げ公演への準備が２年前から進められたが、この時に中里から手伝いを依頼されたのが中里の陶芸の弟子、前田明子だった。

　福岡市の自宅でフルート教室を開いていた前田は、音楽好きな仲間を募って公演準備に関わり始める。そんななかで前田は家族ぐるみで古楽の世界に足を踏み入れることになった。「２年間で古楽のCDを沢山聞いて、それはもう本当に勉強しました」と前田は述懐する。

　旗揚げ公演が1989年４月の３日間、福岡銀行大ホールで行われ、大成功に終わった。福岡の聴衆は初めて聞く古楽オーケストラの音色に夢中になり、３日間のチケットは全て完売となったという。準備と広報のために結成されたボランティア組織「福岡18世紀音楽祭協会」は、この成功を機に年数回のコンサートを実施するようになっていく。

7.3　古楽×民間人主導の音楽祭

熊本県小国町の木造建築群と「おぐに音楽祭」

　「古楽音楽祭を立ち上げる」というきっかけを作ったのは旗揚げ公演を後援したNHK福岡放送局の田崎眞樹だった。「NHKも支援するから、どこかで古楽音楽祭をやってみないか」との打診が福岡18世紀音楽祭協会にもたらされたのである。リコーダー奏者の麻生純が、熊本の古楽愛好家から、「小国町には木造の良いホールがある」と聞いていたことがきっかけで、小国町にスポットライトがあたることになった。

　麻生の口癖は「響きのよいところで古楽演奏したい」だったという（宮崎暢俊の談話から）。全国で建てられた文化施設の大ホールは古楽には大きすぎ、多目的ホールは残響が足りず古楽のコンサートには不向きである。そんななかで、「小国には古楽演奏に適した様々な木造施設があった」（古楽アンサンブル「グループ『葦』」主宰・中川洋子）のである。

　阿蘇の山麓にある小国町は、「木魂館」「家畜市場」「小国中学体育館」など、特産の小国杉を生かした建物によるまちづくり「悠木の里づくり」を進めており、それら木造建築群は古楽器の演奏に適している点でも魅力的だった。小国町に音楽祭の開催を持ちかけると話が進展し、当時の町長、宮崎暢俊が「音楽祭の開催は町が取り組む木の文化の創造につながる」と快諾して助成や施設利用を決定。おぐに音楽祭が始まることになった。

　そもそもなぜ小国町に木造建築群ができたのだろうか。始まりは1983年、宮崎暢俊が42歳で町長に当選したことに遡る。その年、杉の産地であるにもかかわらず、林間広場（町民の野外スポーツ施設）の管理棟をコンクリートブロック造で建設する計画に疑問を抱いた宮崎は、急遽木造に設計変更させ、小国杉を公共建築に導入した。宮崎は「公共建築は鉄筋コンクリート造り優先で、林業の町であるのに、地元の木を活用して木の良さをアピールしようという発想が地元に欠けていた」と述懐する。その後、小国町家畜市場、ゆうステーション、林業総合センター、小国ドーム、ぴらみっと（物産館兼レストラン）、木魂館など、地元の小国杉を活用

◆熊本県小国町の木造宿泊施設「木魂館」
（2024 年 6 月筆者撮影）

した木造建築が次々と完成していった。この動きに民間が倣うようになったほか、全国から視察者も増え、模倣する例が見られるようになった。

「悠木の里づくり」（1986 年）は小国の豊かな資源と培われた特性を自分たちの力で生かそうとする地域活性化運動だった。背景には、都市経済が拡大する過程で、人間が生きていく上で大切なものが失われ、限りなき成長を望むのではなく、多様な価値観を持ち、仕事や趣味、文化活動に個性ある暮らし方を求める生活者としての視点があった、と宮崎は述懐する。

「おぐに古楽音楽祭」の第 1 回目は 1990 年に開催された。小国古典音楽協会と財団法人学びやの里、福岡 18 世紀音楽祭協会の 3 団体が実行委員会を結成し、宮崎町長が実行委員会長に就任した。音楽監督は有田正広、企画・運営は麻生純が中心となって進めた。麻生が九州一円で築いてきた人脈・交流により、音楽祭の当初より古楽グループを招聘し、盛り上げることができたという。小国町の町役場の人たちも協力し、会場予約や設営などを分担した。

第 1 回目の会場は「家畜市場」だった。コロッセウム形式ですり鉢状に客席が配置され、中央に「牛」がせりにかけられるステージがある。小国の牛といえばジャージー牛と赤牛である。牛たちの匂いが残る「残響 2 秒」の空間に古楽演奏者たちが登場し、生音が豊かに響きわたった。

第 2 回目の会場には、宿泊施設「木魂館」や JA の建築物「ぴらみっと」なども加わった。中川は「（木魂館へ）訪れる人を迎え入れる懐の深さ」や「心のこもった料理の数々」、「職員の方々との交流」などの地元の

「アビリティの高さ」を述べている。福岡 18 世紀音楽祭協会は 10 名程度のボランティア組織だったが、初期の頃からすでに一流演奏家のコンサートだけでなく、アマチュアの発表の場、レッスン・交流の場も重視する「音楽祭の三本柱」や「おもてなしの心」を大切にするというポリシーが存在していたという。それは、唐津での「隆太窯コンサート」に始まり、小国でのホスピタリティによって育成されていったといえる。

おぐに音楽祭から福岡古楽音楽祭へ

古楽祭運営の分岐点となったのは、福岡市にあいれふホール（座席数262 席）が開館したことである。その音響の良さと空間の規模は古楽アンサンブルに最適であり、たとえば音楽監督を務めた有田は「私が日本で一番好きなホール」と言い、海外の演奏家も「このようなホールはヨーロッパにもない」（W. V. ハウヴェほか）と口を揃えるほどである。このようなホールが福岡市に誕生し、アクセスにも優れ、音楽祭の規模拡大を期待できること、かつ福岡には 18 世紀音楽祭協会の本部があることも相まって、おぐに古楽音楽祭は第 9 回を最後に福岡へ会場を移すことになった。

1999 年 9 月、第 1 回福岡古楽音楽祭が開催され、会期中に延べ 3000 名の聴衆を集めた。出演者の数は第 3 回目にほぼ倍増し 40 名、ボランティアは第 4 回目に 90 名に増えるなど、規模の拡大を見せていく。2001 年には音楽祭の全国的な認知度を高めるべく、18 世紀音楽祭協会の東京支部が開設された。これらの動きと呼応するように、古楽が少しずつ聴衆にも浸透し、協会が発行する印刷物にも「オリジナル楽器による」という但し書きがみられなくなっていった。

福岡古楽音楽祭では、第 2 回以降、毎回異なったテーマを掲げ、それに即したプログラムが組まれるようになった。古楽が一定程度、定着してきたとはいえ、単体のコンサートで無名の作品ばかりを取り上げるのは集客の点などでリスクを伴う。福岡古楽音楽祭では、4 日間のプログラムのなかに「無名作曲家の作品」や「新たな意欲的な取り組み」を織り交ぜ、企

画としての意義を深めることも可能になった。テーマに沿って取り上げられた古楽の作曲家は、延べ80名以上に上り、マラン・マレ（生年1656年）やJ. M. オトテール（生年1674年）のようにJ. S. バッハ（1685年〜1750年）と同時代か、それ以前に活躍した作曲家も多数登場している。古楽に特化し、内容を深化させられることは、海外の演奏家からも「古楽に集中できる環境がある」として評価された。

これまで延べ60名以上の海外アーティストが招聘された。音楽祭のポリシーである「一流演奏家のコンサート」「アマチュアの発表の場」「レッスンや交流の場」は、福岡古楽音楽祭でも引き続き守られた。

国内外の演奏家からレッスンが受けられる「古楽セミナー」のほか、レッスンや練習成果の発表の場として「古楽コンサート」があり、2日間に分けて30組以上が古楽器演奏、声楽、バロックダンスを披露してきた。地元福岡はもちろん、関西や関東などの他地域からも演奏に来られ、古楽コンサートへの出演を契機に新たな古楽アンサンブルが生まれるなどの展開もあり、古楽音楽祭にとって欠かせないプログラムの1つになった。

福岡古楽音楽祭では、一連の公演に若手演奏家を起用し、一流演奏家との共演の経験を提供するなど若手の古楽演奏家の育成にも力を入れた。留学から帰国し活躍中のアーティストのほか、これから留学する学生、プロオケの若手奏者など、それぞれに実績と可能性をもった演奏家が集った。

特に海外からの招聘演奏家との共演は、長時間の集中リハーサルなどハードな面もあるが、そのような期間を経て本番を終えた日本人演奏家は「非常に上達する」（事務局長の前田明子）といい、アーティスト同士がリハーサルや休憩、食事などをともにするなかで「とても仲良くなる」という。

福岡古楽音楽祭は、ボランティアによって運営されてきた。運営方法は最初から確立されていたわけではなく、事務局長を中心に、ボランティアが集い、毎年継続的に参加するなかでノウハウやエッセンスが集積されてきた。会期中だけでも、車での送迎、海外演奏家のアテンド、通訳、会場受付、舞台関係、食事の手配など、多岐にわたる業務がある。毎年、詳細

な「ボランティア・マニュアル」が作成されていたが、ボランティアの多くは「マニュアル遂行」という意識ではなく、「相手に喜んで頂けるには何ができるか」という発想で取り組んでいた。

　ボランティア同士はもちろん、ボランティアと演奏家との関係も培われており、たとえば、演奏家が「今年もボランティアのAさんが来ているかどうか楽しみだった」というような声が聞かれるようになっていく。

　福岡古楽音楽祭では、国内外の一流の古楽演奏家を招聘したコンサートやセミナーを開催し、若手演奏家に演奏・交流の機会を設けてきた。質・規模ともに日本でも有数の古楽音楽祭として全国から注目された。しかし、運営側の高齢化や資金難から旧来の体制で継続していくことは困難な状況に陥り、第15回をもって終了することになった。

新・福岡古楽音楽祭の実現：新たな運営体制の模索

　しかし、地元の関係者や全国のファンから、終了を惜しむ声や継続への要望が多く寄せられた。そのなかで大きく動いたのはアクロス福岡である。アクロス福岡は1995年に開館した官民共同の複合施設で、福岡シンフォニーホール（席数1867）のほか、国際会議場（スクール形式198席）、円形ホール（標準100席）、セミナー室、練習室などを擁し、大規模イベントを施設内で完結できる。また、旧県庁跡の再開発計画によって建てられた経緯もあり、福岡市の中心部にあって抜群のアクセスを誇る。

　アクロス福岡の支配人、藤本廣子（当時）は語る。「（第15回で終了との報を受けて）これまで運営に携わってきた方々の熱意や古楽祭の芸術性の高さ、そして福岡に古楽が根付きつつあることを考えると、このまま途絶えてしまうのはあまりに勿体ない、と思った」。一方で、「高齢化などで今のままでは続かないこと、経営的なことも成り立たせていく必要があることも十分に理解できた」と。そこで出てきたのが「この灯を消さないために、アクロスも関わって、継続していけないか」という案だった。これに端を発し、アクロス福岡、18世紀音楽祭協会のメンバーらが協議を行

い、新たな体制構築や構想について話し合いが重ねられた。

　2014年7月、「新・福岡古楽音楽祭実行委員会」（委員長：村山暁）が発足し、福岡の地で古楽音楽祭を引き続き開催していくことになった。新しい名称「新・福岡古楽音楽祭」には、これまでの歴史を踏まえ、伝統を継承しつつ、未来に向かって発展させていきたいとの思いが込められている。

シビックプライドを育む音楽祭の可能性

　地域における古楽祭は、芸術的意義や教育的意義に加え、文化交流やブランドイメージ向上といった社会的意義を持つ。一方で、これらの意義を持続的に実現するために、上記の事例から得られる教訓についても考えてみたい。

　1つ目は、運営の持続可能性における課題であり、高齢化、財政面、運営体制に関する問題が複合的にからみあっている。若い世代は、長期的に無償ボランティアを続ける時間的、経済的余力が乏しいことが多い。次世代の主体的な参加を促すためには、運営の仕組みを見直し、世代交代をしやすくしていく必要がある。その際、「ボランティア」の本質についての意識を改めることも重要だ。ボランティアは自発的精神を体現するものだが、活動に参加することで、どのようなやりがいや喜び、体験が得られるのかを考え、運営のあり方を整えていくことが求められる。

　2つ目の課題は、文化活動を育む「動機づけの仕組み」に着目することである。久木元真吾は、小国町のまちづくりにおいて、当事者が「自分自身が楽しむ」という姿勢を持ちながら活動に取り組んでいることが、外部から「自然で自発的な元気の発露」に見えると述べている[1]。そして、地域づくりの活力は、公共性や地域社会へのコミットメントといった理念だけでなく、人々を動かす「ある種の装置や仕組みの存在」によってこそ生み出されると指摘している。一方、宮崎暢俊（元小国町長）は、地域の「個性的な魅力」は、住民が「自分たちのライフスタイルを楽しむ」ことから生まれ、多様なライフスタイルは住民の「創造的な活動」を通して育

まれると述べている[2]。これらの視点を踏まえると、住民の自律的な楽しみを促進するしくみや、創造的な活動を支える基盤の整備が、地域文化活動の活性化において重要な鍵となるといえるだろう。

　「モノの豊かさ」から「心の豊かさ」への時代と言われて久しい。しかし、音楽祭を含む文化活動の持続可能性は、経済合理性や効率性の圧力によって試練に直面している。音楽祭が提供する精神的な充足感や交流の場、貢献の機会は、地域社会の活力を支える重要な要素である。その基盤を強化するためには、単発的な支援ではなく、長期的な視野に立った戦略的な投資が不可欠である。それは、市民一人ひとりの楽しみを支えるだけでなく、課題に対峙し、多様性を受け入れる弾力性や活力のある地域社会の形成へとつながるはずである。合理性や効率性が優先される時代にあって、音楽祭のような「地域における文化基盤」の持続可能な発展へと関心が向いていくことを期待したい。

注
1　久木元真吾「二つの住民像—熊本県小国町における町政と住民像の変遷」『相関社会科学』、1997 年。
2　宮崎暢俊『とっぱすの風〜小さな国の大きな挑戦』七賢出版、1995 年。

おわりに

松本 茂章

　公立大学法人静岡文化芸術大学教授を 2022 年 3 月 31 日付けで定年退職する際、そのあと、こんな展開になろうとは夢にも予想していなかった。3 年近く全力で走っていると、知らぬうちに今にたどり着いた思いである。

　元印刷工場を改修して生まれたアカデミックスペース「本のある工場」を活用して、定期的に「文化と地域デザイン講座」を繰り返していると、人の輪が広がり、本書の出版に至った。巻きこんでしまった方々に御礼申し上げるとともに、本書のような領域横断的な書籍が生まれたことに感激するばかりだ。定年退職は「終わり」ではなく「始まり」なのだ。

　本書は、2023 年 5 月に「文化と地域デザイン学会」を立ち上げようとする際に企画した。同志社大学大学院総合政策科学研究科でご指導を仰いだ新川達郎同大名誉教授、そして新川ゼミの出身者（石井敦子、竹見聖司、南博史）、さらに日本アートマネジメント学会の会員（宇田川耕一、志村聖子、高島知佐子）、そして以前から交流を重ねてきた知人（岸正人）、文化と地域デザイン研究所の運営協力者（島袋美由紀、中村まい）の計 11 人の仲間とともに執筆した。もちろん、全員、文化と地域デザイン学会に登録してくださっているが、出自や職業は異なる。関心領域や研究アプローチも違う。だからこそ、11 人の協働の成果が興味深くなった。

　本書のハイライトは第 4 章から第 7 章にかけての事例編であろう。北海道岩見沢市の「美流渡（みると）」地区から鹿児島県・与論島まで、日本列島を縦断する形で多彩な取り組みを紹介できた。事例編では「美流渡」が「美しく時が流れ、人がわたり住むところ」と表現されているように景観に恵まれたところのようだが、相当の豪雪地帯である。一方、本書 147 ページに掲載された与論島の航空写真をご覧いただきたい。近い上空から島の全景が 1 枚の写真に収まるほどの小島である。モノクロの印刷では分からないだろうが、鮮やかなグリーンが印象的だ。日本の風景は多様性に

富んでいる。東京の永田町や霞が関が統一的に統治（ガバナンス）したり、政策をデザインしたりするのはとても難しい。

　本書では東京の事例を取り上げなかった。首都から離れた地域の実情を優先して紹介したかったからだ。もちろん東京にも地域は存在するので、文化×地域×デザインの課題はどこにだってある。機会があれば次は東京や大都市のことも取り上げてみたい。大阪の下町にある公衆浴場で、文化芸術を志した若者たちが集い、仲良く過ごしている姿を見たとき、コミュニティを求める気持ちは、年齢に関係なく、どんなところでも共通しているぞ、と感じた。文化×地域×デザインは普遍的なテーマなのである。

　先に触れた元印刷工場は、亡き父から相続した。いわば「父の形見」を活用する試みでもある。亡き父が見たら、どのように思うだろう。故・松下幸之助翁が1918（大正7）年にパナソニックの前身「松下電気器具製作所」を創業した地まで歩いて10分ほどと近い。産業の革新と学問の革新が通底しているならば、この場所に元工場があることは運命的に思える。

　本書はどこからでも読み始めることができるように工夫して編纂した。理論編から読んでも良い。関心のある事例からページをめくっても良い。気軽に手に取ってほしい。そして幅広い読者層を想定した。実践と研究のありようを模索する研究者、自治体職員、自治体財団職員、NPO職員、企業人、事業者、まちづくり関係者、大学の院生・学部生など多様である。

　本書は数多くの実践実務家の協力を得て出版できた。本書に登場していただいた関係者のみなさま、ご支援いただいた現場の方々に厚く御礼申し上げたい。紙幅の都合上、事例編では敬称略とさせていただいた。

　そして本書の企画を相談した際、趣旨を理解して出版を快諾してくださった文眞堂の前野眞司専務と、編集部の山崎勝徳さんに感謝申し上げる。

　「本のある工場」での試みがどこまで続くのか。それは分からないが、実践実務家の方々から英知や教訓を学びながら、「文化と地域デザイン学」の確立を目指して、日々、精進していきたい。

2025年2月　「本のある工場」にて

編著者紹介

新川　達郎（にいかわ　たつろう）

担当箇所：はじめに・第1章・第4章第4節・第6章第3節

　現職は同志社大学名誉教授、総合地球環境学研究所特別客員教授、関西大学客員教授。略歴は早稲田大学大学院政治学研究科博士後期課程満期退学、㈶東京市政調査会研究員、東北学院大学法学部助教授、東北大学大学院情報科学研究科助教授、同志社大学大学院総合政策科学研究科教授（2021年3月定年退職）を歴任した。専門分野は行政学、地方自治論、公共政策論、市民参加論、ソーシャル・イノベーション論。教育研究活動として、文化と地域デザイン学会共同代表、日本協働政策学会理事長、政治社会学会会長、大学研究所研究員や講師等多数兼務。社会活動は（公財）京都市環境保全活動推進協会理事長（京エコロジーセンター館長）、（公財）京都地域創造基金理事長、（一財）地域公共人材開発機構理事長、（一社）東北圏地域づくりコンソーシアム共同代表、NPO法人水・環境ネット東北代理事、NPO法人日本サステイナブル・コミュニティセンター代表理事等多数業務。公職としては関西広域連合、滋賀県、京都府、大阪府、兵庫県、奈良県や各市町村の審議会等の委員等多数兼任。主要著書には、新川達郎監修共著『コミュニティ・デザイン新論』（さいはて社、2024年）、冨士谷あつ子・新川達郎共編著『政治分野におけるジェンダー平等の推進』（明石書店、2024年）ほか多数。

松本　茂章（まつもと　しげあき）

担当箇所：第2章・第3章・第4章第3節・第6章第1節・おわりに

　日本アートマネジメント学会会長、日本文化政策学会理事、文化と地域デザイン研究所代表。専門は文化政策、文化芸術を活かした地域デザイン。京都府在住。早稲田大学教育学部地理歴史専修卒業後、読売新聞記者・デスク・支局長を経て、劇場やホール等を経営する企業に出向して企画部長。仕事をしながら学術研究を志し、同志社大学大学院総合政策科学研究科（前期課程・後期課程）を修了、博士（政策科学）。県立高知女子大学文化学部教授（現・高知県立大学）（2006-2011）、公立大学法人静岡文化芸術大学文化政策学部教授（2011-2022）を歴任した。2022年3月にて同大学を定年退職。22年5月にアカデミックスペース「本のある工場」（大阪市此花区）を開設し、翌23年5月に文化と地域デザイン学会を立ち上げて共同代表。全国各地の文化施設等を訪ね歩き、時事通信社の行政専門誌『地方行政』などに連載原稿を執筆している。単著に『芸術創造拠点と自治体文化政策　京都芸術センターの試み』（2006）、『官民協働の文化政策』（2011）、『日本の文化施設を歩く』（2015）（いずれも水曜社）、『地域創生は文化の現場から始まる』（学芸出版社、2024）。単独編著に『文化で地域をデザインする』、『ヘリテージマネジメント』（いずれも学芸出版社）など。共著多数。

「本のある工場」とは

　松本茂章の亡き父が所有していた1969年建築の鉄骨3階建て元印刷工場の2階部分（約75平方メートル）を改修して2022年5月にオープン。大阪市此花区西九条5丁目にある。JR大阪環状線・阪神なんば線の西九条駅から徒歩7-8分。JR大阪駅から3駅、新大阪駅と大阪難波駅から4駅。繁華街「キタ」と「ミナミ」へのアクセスに恵まれている。西九条駅はテーマパーク・USJへの乗換駅なので、若者や外国人観光客らでごった返す。同駅界隈には近年、若い芸術家やクリエーターが移住して来ており、「アートのまち」として注目されるエリアである。

著者紹介

石井　敦子（いしい　あつこ）　担当箇所：第4章第1節

　特定非営利活動法人サイエンス＆アート理事長。兵庫ライフケアクリニック副院長。千里金蘭大学大学院非常勤講師。和歌山市出身。神戸大学卒業後、大阪府立成人病センター、東京都南多摩保健所、東京都福祉保健局保健政策部を経て、和歌山県立医科大学（助教・講師）、京都看護大学大学院（准教授）で保健師教育に従事。同志社大学大学院総合政策科学研究科（前期課程・後期課程）を修了、博士（政策科学）。専門は保健医療政策。著書に『健康政策としての市場構築―自己選択に基づく"健康づくり"への新たな支援のかたち』（博論社、2024年）他。

高島　知佐子（たかしま　ちさこ）　第4章第2節、第5章第2節

　静岡文化芸術大学文化政策学部芸術文化学科・教授。専門は経営学・アートマネジメント。博士（商学）。（独）中小企業基盤整備機構、大阪市立大学都市研究プラザ、京都外国語大学を経て現職。文楽、能楽等の伝統芸能、和紙や刃物等の伝統工芸といった日本の伝統文化に関わる組織や産業を中心に研究する一方、2015年より医療機関でのアート・デザイン活動に取り組む。共著に『はじまりのアートマネジメント』（水曜社、2021年）、『ヘリテージマネジメント：地域を変える文化遺産の活かし方』（学芸出版社、2022年）など。

竹見　聖司（たけみ　きよし）　第5章第1節

　丹波篠山市企画総務部部長。平成の大合併を契機に、社会人学生として地方自治研究を志し、放送大学大学院文化科学研究科前期課程を修了して修士（学術）を取得。同志社大学大学院総合政策科学研究科（後期課程）に進学して満期退学。ユネスコ創造都市の加盟認定、「丹波篠山市」への市名変更、大学連携など、主要施策で現場を大切に理論に裏打ちされた施策立案を実践。近年はシビックプライドになっている特産「丹波黒大豆」栽培を通じて農村文化を実体験中。共著に中塚雅也編『農村で学ぶはじめの一歩　農村入門ガイドブック』（昭和堂、2011年）。

中村　まい（なかむら　まい）　第5章第3節

　お茶の水女子大学基幹研究院リサーチフェロー、横浜保育福祉専門学校非常勤講師。北海道大学農学部卒業後、札幌・仙台にて市民参加型舞台創作を実践。演者として舞台に立ちながらテアトルアカデミー仙台校などで指導経験も積んだ。舞踊の社会的意義を立証するために、お茶の水女子大学大学院人間文化創成科学研究科比較社会文化学専攻に進学し、博士後期課程修了。博士（学術）。専門は民俗芸能の実践を通じた社会関係の醸成。演者としての実践と研究者としての論理的思考を活かした「プレゼンテーション技法」の授業を展開中。

宇田川　耕一（うだがわ　こういち）　担当箇所：第6章第2節

　国立大学法人北海道教育大学特別補佐（キャリアセンター副センター長）、芸術・スポーツビジネス専攻教授（岩見沢校アートマネジメント音楽研究室）、国立大学法人小樽商科大学大学院商学研究科アントレプレナーシップ専攻非常勤講師。博士（経営情報学・多摩大学）。1985～2013年毎日新聞社勤務（北海道広告部長等を歴任）。現在、ほっかいどう未来チャレンジ応援会議文化芸術部会委員、南空知定住自立圏共生ビジョン懇談会座長、岩見沢市入札等監視委員会委員長等を務め、「アートの力で地域を元気に」をビジョンに掲げて活動中。

岸　正人（きし　まさと）　第6章第4節

　公益社団法人全国公立文化施設協会（公文協）事務局長兼専務理事、桜美林大学非常勤講師、文化と地域デザイン学会理事。松江市出身。大阪芸術大学卒。1986〜96年の青山スパイラルホールを振り出しに、世田谷パブリックシアター、山口情報芸術センターYCAM、KAAT神奈川芸術劇場、あうるすぽっと（豊島区立舞台芸術交流センター）、東京建物Brillia Hall（豊島区立芸術文化劇場）の開設準備や運営、事業に携わる。2020年より公立の劇場・音楽堂等約1,300館を会員とする統括組織である公文協で、研修や調査研究、コロナ禍支援等に取り組む。

南　博史（みなみ　ひろし）　担当箇所：第7章第1節

　京都外国語大学国際貢献学部グローバル観光学科教授、同大学国際文化資料館前館長、NPO法人フィールドミュージアム文化研究所所長。関西大学文学部、同志社大学総合政策科学研究科（修士）。㈶古代学協会平安博物館、㈶京都文化財団京都府文化博物館学芸員を経て2011年4月、京都外国語大学教授。総合政策科学研究の実践的研究として、地域を博物館と位置づけ専門の考古学と博物館学を通して地域の課題解決に取り組む。おもなフィールドは、福井県越前町、京都市内、中米ニカラグア、コスタリカ、中央アジアのウズベキスタンなど。

島袋　美由紀（しまぶくろ　みゆき）　担当箇所：第7章第2節

　琉球大学博物館（風樹館）勤務。琉球大学大学院人文社会科学研究科比較地域文化専攻博士後期課程在学中。専門は資源人類学。「資源」の観点から自然と社会の相互作用を研究。2017年よりサンゴ礁島嶼地域の水循環と水資源の保全、利用、管理をテーマとしたコミュニケーションツール（ボードゲーム）を開発し、出前授業や研修等で活用している。2024年より地域公共政策士として地域づくりに携わり、様々な分野の研究成果や実践活動を統合的に活用する政策研究を行っている。

志村　聖子（しむら　せいこ）　担当箇所：第7章第3節

　相愛大学音楽学部准教授、京都市立芸術大学、大阪公立大学大学院非常勤講師。日本アートマネジメント学会九州部会長。東京藝術大学音楽学部楽理科卒業、九州大学大学院芸術工学府博士後期課程修了、博士（芸術工学）。政策研究大学院大学文化政策プログラム研究助手を経て、2017年より現職。著書に「舞台芸術マネジメント論—聴衆との共創を目指して—」（九州大学出版会）ほか。実演芸術や伝統芸能の担い手育成のあり方を理論・実践の両面から考察している。大阪府市文化振興会議委員、新・福岡古楽音楽祭実行委員などを務める。

文化×地域×デザインが社会を元気にする

2025 年 3 月 15 日第 1 版第 1 刷発行　　　　　　　　　検印省略

編著者──新川達郎・松本茂章
著　者──石井敦子・高島知佐子・竹見聖司・
　　　　　中村まい・宇田川耕一・岸　正人・
　　　　　南　博史・島袋美由紀・志村聖子

発行者──前野　隆
発行所──^{株式}^{会社}文 眞 堂
　　　　　〒 162-0041 東京都新宿区早稲田鶴巻町 533
　　　　　TEL：03（3202）8480 / FAX：03（3203）2638
　　　　　HP：https://www.bunshin-do.co.jp/
　　　　　振替 00120-2-96437

印刷……モリモト印刷
製本……松島製本

©2025　ISBN978-4-8309-5277-7　C0036
定価はカバー裏に表示してあります